伊藤彰彦

なぜ80年代映画は私たちを熱狂させたのか

講談社＋α新書

なぜ80年代映画は私たちを熱狂させたのか／目次

序章　八〇年代日本映画たちを生み出した土壌
混沌と多様性の暴発　11
日活の栄枯盛衰　15
第一章　『復活の日』――角川「国際超大作」のラインプロデューサー
チリ軍事政権から潜水艦を借りる　23
深作欣二監督の狂気　26
ホワイトハウスぎりぎりに低空飛行しろ！　30
名優グレン・フォードを追い込む　34
ヒロイン役を更迭　38
海外セールスの失敗　39

第二章 『桃尻娘』シリーズ――ロマン・ポルノのアイドル化
「ニュー・センチュリー・プロデューサーズ」発足 44
贅沢だったロマン・ポルノの音楽 46
少女たちの性への解放 52
パロディと軽薄の渦 54
第三章 『ヨコハマＢＪブルース』――松田優作の「素」の世界観
松田優作のひらめき 60
『探偵物語』の呪縛 62
松田優作のプライベートフィルム 64

第四章　『ダブルベッド』——大物歌手と女優が続々と脱ぐ「エロス大作」

畑中葉子で大ヒット　72
藤田敏八の孤独　76
コッポラと大谷直子　79

第五章　『遠雷』『家族ゲーム』『お葬式』——新世代の表現者たち

『遠雷』(八一年)でATGとの初提携　88
「映画的なもの」への違和感　93
日常が劇的になる瞬間　97
幻の桑田佳祐版『家族ゲーム』　99
鈴木清順と森田芳光　103
松田優作の覚醒　106

『お葬式』（八四年）が社会現象になる　110
伊丹監督のこだわり　114
過去の名作をサンプリングした傑作　118

第六章　『ユー★ガッタ★チャンス』——吉川晃司、大森一樹との併走

渡辺晋がほれ込んだ少年　124
『すかんぴんウォーク』（八四年）　128
『ユー★ガッタ★チャンス』（八五年）　135
『テイク・イット・イージー』（八六年）　139
映画に精力的だったフジテレビ　141
アイドル映画の終焉　144

第七章　『コミック雑誌なんかいらない！』
――再現不可能・世相を撃つ衝撃作
不穏な男・内田裕也　148
滝田洋二郎監督でレポーターの映画を　149
奇跡のキャスティングを可能にした内田裕也の無軌道　152
ロス疑惑・三浦和義とのアドリブ　155
山口組・一和会抗争を突撃取材　158
レポーターからミュージシャンに戻るエンディング　161
ピンクをゴールドに変えた男　163
第八章　『海へ　See You』
――バブルに呑まれた高倉健の黒歴史
藏原惟繕のモダニズム　168

『栄光への5000キロ』(六九年) 170
ヒッピー映画での惨敗 176
『南極物語』の記録的成功 178
重なる誤算 182
暴走と空中分解 187

第九章 『1999年の夏休み』『天と地と』——ニッチな佳作と「製作委員会方式」の時代へ

単館系のヒット作が相次ぐ 194
『1999年の夏休み』(八八年) 195
広がる映画事業の裾野 200
時代の空気をつかむ 207
マーケット意識の欠如 212
『天と地と』——渡辺謙と松田優作の生と死 213
松田優作との永い別れ 217

終章　現代社会が失った
冒険主義、能天気さ、多様性、一途さについて

謝辞　228

序　章　八〇年代日本映画たちを生み出した土壌

混沌と多様性の暴発

一九八〇年代が注目を集めている。二〇二四年一月に始まったTBS金曜ドラマ『不適切にもほどがある！』（宮藤官九郎脚本）は、一九八六年と二〇二四年の時代差を描くことで、八〇年代カルチャーで郷愁をくすぐり、令和の激しいコンプライアンスの息苦しさに対し疑問を呈して共感性を高め、SNSで話題沸騰となっている。

また、近年の外国映画においては、『星の王子　ニューヨークへ行く2』（二〇年　クレイグ・ブリュワー監督）、『ゴーストバスターズ／アフターライフ』（二一年　ジェイソン・ライトマン監督）、『トップガン　マーヴェリック』（二二年　ジョセフ・コシンスキー監督）といった八〇年代を代表するヒット作の続篇が前作から三十年以上過ぎた世界を舞台に製作され、ヒットした。こうした八〇年代リバイバルブームの背景には、パンデミック、戦争、景気後退といった暗い出来事が続くなかで、八〇年代のポジティブさ、きらびやかさ、バイタリティへの回顧と憧憬があるのだろう。四十代や五十代のクリエイターが、ケバケバしくてダサく映ることも多かった八〇年代の「キラキラした」部分を強調し、リミックスし、二十代や三十代の世代に「クール」に感じられるようにした、と映画評論家の森直人は言う（『マネー現代』二二年五月二八日付記事）。

一方、八〇年代には、『不適切にもほどがある！』でも触れられる、現在では考えられない男性中心主義、性差別、長時間労働などのダークな側面がある。バブル経済期の日本に蔓延していた軽躁さ、多幸感は、世界各地で戦火が上がり、日本社会の格差が広がり、少子高齢化社会という厳しい現実に直面した二〇二四年の現在からすると、うとましく、わずらわしく、「好い気なものだ」とも思える。

八〇年代を六〇年代と比較し、「凪が止まった時代」と評したのは評論家の菅孝行だった。六八年を頂点とするラディカルな政治と芸術を支える社会の空気がみるみる退潮し、柔らかいナショナリズムと高度消費文化に呑みこまれた時代だったと菅は言った（菅著『ことにおいて後悔せず』）。八〇年代にはこのような批判がある。

世界映画における八〇年代は、ハリウッド映画が全世界を席捲した十年だった。『E.T.』（八二年　スティーブン・スピルバーグ監督）、『スター・ウォーズ　ジェダイの復讐』（八三年　ジョージ・ルーカス監督）、『バック・トゥ・ザ・フューチャー』（八五年　ロバート・ゼメキス監督）などのハリウッドの大ヒット作が世界中の興行成績の上位を独占し、アメリカ以外の国の映画を衰退させていったのだ。日本においても、七一年に日本映画の観客数がハリウッド映画を中心とする外国映画を下回り、以降七〇年代、九〇年代、二〇〇〇年代は日本映画の配給収入が外国映画を下回った。

しかし、この八〇年代の十年間のみ、日本映画が外国映画をふたたび押し返し、配給収入で外国映画を超えた。角川映画、フジテレビ映画、伊丹十三作品とともにインディペンデント映画が観客を日本映画のほうに振り向かせたからだ。八〇年代日本映画にはそれだけの熱量があったのだ。

これらの多くは、出版社やテレビ局など新規参入業者によって作られ、撮影所出身のプロデューサー、監督、スタッフがその現場を担った。八〇年代は映画会社が映画を作らなくなった時代であり、撮影所という基盤を失くしたプロデューサーたちが新進気鋭の監督と組み、映画以外の資本を導き入れて映画を作った「プロデューサーの時代」と言える。

九〇年代以降、プロデューサーたちは「製作委員会方式」というかたちで多くのスポンサーを集め、リスク分散を図る。前売り券販売であらかじめ製作資金を担保し、そのぶん映画の企画が公約数的になっていき、破天荒な監督が規格外の映画を撮れなくなる。そして、実写映画に代わりアニメーション映画が興行成績の上位を占め、複数のスクリーンをもつシネマコンプレックスとBS、CS、ネット配信の出現により、大手映画会社が幹事を務める十億円規模の大作と低予算のインディペンデント映画に二分化された。

こうした九〇年代以降の映画状況とはことなり、八〇年代日本映画にはさまざまな予算、ジャンル、製作・配給形態の映画がひしめき合い、個性的なミニシアターが林立し、八〇年代半ばからは映画を映画館ではなくビデオで観るマルチメディア時代が到来することで日本映画は揉みくちゃにされながら、過度期ゆえの混沌と多様性があった。

そうした八〇年代日本映画を代表する角川映画（『復活の日』）、アイドル映画（『ユー★ガッタ★チャンス』『CHECKERS in TANTANたぬき』）、内田裕也と滝田洋二郎のインディペンデント映画（『コミック雑誌なんかいらない！』）、森田芳光監督作品（『家族ゲーム』『ときめきに死す』）、伊丹映画（『お葬式』）、ロマン・ポルノ（『ダブルベッド』）、少女が主役となる群像劇（『1999年の夏休み』）など、百花繚乱の企画たちを一手に引き受け製作したのが、日活出身のプロデューサー岡田裕《おかだゆたか》である。岡田こそ、「なぜ八〇年代日本映画が観客を熱狂させたか」を知る最後の証言者といえる。

本書は半年にわたって岡田に聞き書きをし、その八〇年代の代表作の作り手たち、高田宏治、根岸吉太郎、荒井晴彦、丸山昇一、滝田洋二郎、中原俊、金子修介、山田耕大《こうた》、藏原惟《これ》二《つぐ》の証言を交えて描いた「八〇年代日本映画の夢と熱」の記録である。

さてここで八〇年代映画の話に入る前に、岡田裕の生い立ちから七〇年代にいたる映画人生を、戦後の日本映画史と重ねて辿ってみたい。

日活の栄枯盛衰

岡田裕は一九三八（昭和十三）年、東京市杉並区永福町で生まれ、国会図書館館長の父親を持つ知的環境で育った。岡田は、早稲田大学政経学部に進学するや「自由舞台」に入る。当時、自由舞台は学生演劇の枠を超えたセミプロ劇団として名高く、同学年に俳優の加藤剛、のちに『天城越え』（八三年）を撮る映画監督の三村晴彦が、一年後輩に劇作家の別役実、演出家の鈴木忠志がいた。岡田は、大学時代の演劇活動で持ち前の雄弁さを鍛え上げ、押し出しの強さを身につける。四年間しかいられない自由舞台を退部したあと、岡田は「人生をどう生きるべきか」と悩みつつ、酒と麻雀に明け暮れ、五年間大学に通った。「モラトリアム学生の走りだった」と岡田は当時の自分を思い返す。

六二年、岡田は日活の入社試験に合格し、助監督として採用される。五八年に戦後最大となった日本映画の観客数は、テレビやレジャー産業の影響で、岡田が入社した六二年には最盛期の半分にまで激減していた。しかし、日活は六二年、『銀座の恋の物語』（藏原惟繕《これよし》監督）、『花と竜』（舛田利雄監督）などのヒットにより自社の最高売上額を更新し、翌六三年にも各映画賞を独占した『にっぽん昆虫記』（今村昌平監督）や、吉永小百合主演の『光る海』（中平康監督）と『青い山脈』（西河克己監督）が年間興行成績ベストテンに入るなど好調だった。

当時の日活撮影所は、石原裕次郎、小林旭、二谷英明、浜田光夫、高橋英樹、宍戸錠といった主演男優たちと、彼らを支えるヒロイン、浅丘ルリ子、芦川いづみ、吉永小百合、和泉雅子、松原智恵子、笹森礼子らの女優たちがコンビを組む「スター・ローテーション作品」以外に地味な企画物を二本立ての添え物として、年間百本弱の映画を量産していた。岡田の上には五十五人もの助監督の先輩たちがいたが、全員が独楽鼠《こまねずみ》のように飛び回り、杉並区に住んでいた岡田ですら家に帰れない日が四、五日続いた。深夜まで撮影が続き、早朝から翌日の撮影が始まるので帰宅できず、調布の撮影所の飯場のような寮に泊まるのだ。

けれど日活撮影所には他社にはない自由な風が吹き抜けていた。毎朝、石原裕次郎は付き人を連れず、一人でふらりと撮影所に現れる。助監督の岡田の姿を見つけるや、「岡チン。今日のオレの衣裳、靴をくれ」。岡田は「おい、そう慌てんな。食堂へ行ってビールでも飲んでろ」とタメ口で答える。裕次郎は食堂の冷蔵庫に入っているビールを二、三本飲み干し、顔色ひとつ変えずセットに戻り、キャメラの前に立ち、それをスタッフは当たり前のことのように見ている。そんな日活の自由な気風を作ったのは、ほかでもないトップスターの石原裕次郎で、この社風はロマン・ポルノの時代まで続いた、と岡田は語る。

もともと新聞記者志望の岡田は、「助監督なんかやめてやる」と思い、新聞社を受けるが見事に落ちる。そんな岡田に映画の魅力を教えたのは、中平康と藏原惟繕だった。日本映画離れしたクールでモダーンでシャープな彼らの映画は、当時の批評家から軽く見られ、黙殺されたが、岡田は藏原と彼の作風を継ぐ藤田敏八に思い入れをした。

六〇年代半ば、日本映画の斜陽は色濃くなり、観客数を年間二千万人前後落として行き、六五年には製作本数の半分がピンク映画になった。日活も社長の堀久作が映画事業以外への投資の失敗を重ね、不動産の売却や人員整理で経営を立て直そうとした。そうした中、従業員の雇用を守ったのは日活の労働組合だった。

岡田は助監督を続けながら、若松孝二のもとでピンク映画の脚本を書き、鈴木清順の脚本チーム「具流八郎」のメンバーに加わる。そして、石原プロ製作の大作『栄光への5000キロ』（六九年　藏原惟繕監督）のチーフ助監督に抜擢される。この映画のアフリカ・ロケの経験が、のちに岡田がプロデュースする海外ロケ作品の出発点となった。

七〇年代に入ると、各映画会社がリスクの大きい製作部門を外部に委託し、配給中心の企業に変わってゆく。その先駆けが東宝だった。七一年、日活と大映の経営が行きづまり、大映は倒産し、日活は会社と労働組合の協議により、『戦争と人間』三部作（七〇〜七三年　山本薩夫監督）のような一般映画の大作と児童映画とポルノの三つのジャンルで会社を再建しようと決断した。

七一年九月、岡田裕は撮影所に呼ばれ、ロマン・ポルノの監督になるか、プロデューサーになるかの二者択一を迫られる。藏原惟繕や藤田敏八は岡田に、「十年間も助監督をやったんだから、当然、監督になれ」と勧めるが、岡田は彼らの「監督至上主義」に反発を感じたのと、「同期の大和屋竺《あつし》や曽根中生のほうが自分より監督的才能があり、監督に必要な狂気が自分にはない」と冷静に判断しプロデューサーを選ぶ。岡田は温厚な性格で、社交性のある万能家タイプなのだ。

岡田にポルノへの抵抗はなく、むしろ、閑古鳥が鳴いていた日活のステージに五本も六本も撮影が入り、夜中まで活気がみなぎったことが心底うれしかった。ロマン・ポルノの礎を築いたのはのちに撮影所長となる黒澤満である。黒澤は毎週月曜、岡田らプロデューサー全員を招集して企画会議を行い、そこで作品の内容、スタッフ・キャストが決まった。プロデューサーには撮影現場に張りつくタイプと現場にはめったに行かないタイプがあるが、岡田は後者だった。助監督経験が長い岡田は、現場にいるとさまざまなことが目につき、監督の演出が気になり、そこで意見を言ってしまうと監督にとって迷惑だと考え、製作担当に現場の報告を上げさせ、トラブルがあったときだけ現場に赴いた。岡田は仕度部屋を大きくし、待遇を改善するなど、女優を大切にしようと心がけた。

「ロマン・ポルノになって、女優さんに品や格がないと自分たちがみじめになる。自分たちの気持ちを落としたくないから、助監督や製作部のみんなが、いままで以上に女優さんを大事にした」と岡田は語る。

七〇年代前半、ロマン・ポルノは学生を中心に支持され、女優が学園祭に呼ばれ、「キネマ旬報」ベスト・テンに何本もの作品がランクインするなど、時代のトレンドになる。しかし、七二年、警視庁は岡田が製作した『O・L日記　牝猫の匂い』（七二年　藤井克彦監督）を含めた四作品の関係者を猥褻図画公然陳列罪で摘発する。裁判で証言台に立った岡田は、「ロマン・ポルノは一言でいうと何ですか」と訊かれ、「良い映画です」と胸を張って答え、検察の嘲笑を浴びた。

岡田裕はロマン・ポルノのかたわら、一般映画の製作も任される。海外ロケ大作『陽は沈み陽は昇る』（七三年　藏原惟繕監督）は興行的に大コケするが、秋吉久美子主演の青春映画『赤ちょうちん』、『妹』（ともに七四年　藤田敏八監督）はヒット。このあとの『帰らざる日々』（七八年　藤田敏八監督）などの日活青春映画路線の先駆けとなり、岡田はプロデューサー業に自信を深めた。

しかし、七六年に組合出身の幹部と黒澤満、営業部長の田中鐵男が対立、黒澤、田中は退社する。黒澤は東映社長・岡田茂に招かれ「東映セントラルフィルム」（のちの「セントラル・アーツ」）を設立し、『最も危険な遊戯』（七八年　村川透監督）から始まる松田優作の「遊戯」シリーズを作り、プロデューサーの伊地智啓も日活を退社、「キティ・フィルム」に移籍し、『太陽を盗んだ男』（七九年　長谷川和彦監督）、『翔んだカップル』（八〇年　相米慎二監督）を製作するなど、日活出身のプロデューサーが撮影所外で新たな時代の潮流を作っていく。

七七年、ロマン・ポルノの製作を続ける岡田裕を、日活企画部から角川春樹事務所に移った松田文夫が角川春樹に引き合わせ、角川は岡田に日本映画で最大の予算をかけた超大作のプロデューサーを任せる。このとき、岡田裕の運命がぐらりと動いた。

第一章　『復活の日』――角川「国際超大作」のラインプロデューサー

『復活の日』（1980年公開）製作の角川春樹（右）と主演の草刈正雄（写真 講談社資料センター）

岡田裕の一九八〇年代は『復活の日』から始まった。

七〇年代後半、『ジョーズ』（七五年　スティーブン・スピルバーグ監督）や『スター・ウォーズ』（七七年　ジョージ・ルーカス監督）など、ハリウッドのブロックバスターと呼ばれる大ヒット作に対抗するため、東宝、東映、松竹は「一本立ての大作路線」に舵を切ったが、この路線に弾みをつけたのが、「読んでから見るか、見てから読むか」のコピーで知られ、書籍と映画と音楽の「メディアミックス」を成功させた「角川映画」だった。

『復活の日』は、『犬神家の一族』（七六年　市川崑監督）から始まる角川映画の第十作。しかし、角川春樹が「この作品を作ることができれば、映画作りは辞めてもいいと。それくらいの想いがありました」（『いつかギラギラする日　角川春樹の映画革命』）と語る、日本映画で当時、最大の製作費をかけた超大作だった。

原作は小松左京。近未来を舞台に、細菌兵器として開発された猛毒ウイルスが事故により世界中に蔓延、核戦争も誘発し人類は滅びる。潜水艦で南極に逃れ、生き延びた吉住（草刈正雄）は枯野となった地球を行脚するという壮大な物語は七〇年代のメガヒット作『日本沈没』（同じく小松左京原作）を想起させる。この企画で、岡田を始め製作陣がもっとも頭を悩ませたのが、「潜水艦が南極に浮かぶシーン」をいかに撮るかだった。

チリ軍事政権から潜水艦を借りる

岡田　最初は撮影所のステージの海の中にミニチュアの潜水艦を浮かべて撮ろうかと考えていました。しかし、南極ロケはしなければなりませんから、七八年ごろから、南極ロケの拠点となる南米のチリに何度も行ったんです。何のコネクションもなく、当てもなく情報収集するうちに、当時のチリの独裁者、アウグスト・ピノチェトの腹心に日本人がいることを聞きつけたんです。伝手をたどってその人に会うと、名前は西村さん。西村さんは北海道大学山岳部の出身で、世界中の山を登破し、チリの「パイネ国立公園」にある「アンデスの神」と呼ばれる山や氷河にクライミングしたとき、そこがすっかり気に入って、チリに住みついた。どういうきっかけかピノチェト大統領と親しくなって、信頼を勝ち得、大統領の十五人の顧問の一人になったんですね。

この人は日本とチリの商工史の知られざる重要人物です。当時、日本の大手商社は、海岸線が長い漁業国のチリでサケやマスを養殖し、日本に輸入する計画を立てていました。現在ではコンビニの鮭弁当やおにぎりの鮭はノルウェー産かチリ産ですが、彼らは七〇年代後半からチリのサケやマスに目を付け、現地在住の商社マンたちはキイマンである西村さんと接触しようとしていた。僕が西村さんとたまたま懇意になったと聞いて、商社マンたちから

「よく西村さんに会えましたね。紹介してください」と頼まれました。
　僕が会ったのはほんの偶然からなんですが、西村さんと話をするうち、チリ海軍から潜水艦を借りられるかもしれないと、トントン拍子に話が進んだんです。そのあと、何度もサンティアゴ（チリの首都）に足を運び、西村さんが開く、政府の高官の奥さんたちとのホームパーティーのために、日本のお土産としてネックレスをプレゼントしたりしながら、彼と話を詰めていきました。

――当時のチリはピノチェトの軍事政権。映画『チリの闘い』三部作（七五～七九年　パトリシオ・グスマン監督）や『死と処女《おとめ》』（九四年　ロマン・ポランスキー監督）で描かれたように、軍人のピノチェトは七三年に社会主義政権をクーデターで倒したあと、徹底した思想・言論弾圧を行い、秘密警察による左派系の人々の誘拐、投獄、拷問を繰り返し、虐殺した人の数は三千人に上るといわれています。

岡田　そう。ピノチェトは西欧社会から非難を受け、国際的に孤立していました。だからこそ、日本もふくめた西側諸国と交流したがっていた。そこが弱みだった。そうした状況下だから、僕らも潜水艦を借りられたんだと思います。潜水艦とそれを撮影するための二機のヘリコプターを搭載したチリ海軍の輸送船を借りる契約をしました。その二艘を南極まで航海してくれと。

――いくらで借りたんでしょう。

岡田　一億円くらいで済んだと思います。

――現在だったら、独裁政権に利益供与したと、角川映画が国際的に指弾されるかも知れませんね。

岡田　当時でも許されなかったかも知れませんが、実物の潜水艦を貸してくれる国はチリしかなかったんです。潜水艦が借りられなければ『復活の日』の映画化は成り立たない。だからなりふりかまわずやりました。活動屋（映画人）は映画のためなら何でもやるんですよ（笑）。

それから、何十ページもある、潜水艦を借りるための契約書を作成しました。たとえば、潜水艦のガソリン代はその日のロンドンの原油レイトで決めるとか、乗組員の食事代は一食いくらにするかとか、細かい取り決めを西村さんに仲介してもらって、サンティアゴでやったんですよ。その分厚い契約書を日本に持って帰り、角川（春樹）さんにサインしてもらいました。潜水艦の契約は、僕がいままでやった契約のなかではもっとも緊張し、最大規模のものでしたね。

――原子力潜水艦だったんですか。

岡田　ふつうの潜水艦。

——軍の潜水艦を南極に持って行くことは問題なかったんですか。

岡田　六一年に発効した「南極条約」というのがあって、その中で南極を軍事利用することを禁止しています。だから、南極に潜水艦を浮かべたことが大々的に報じられたら、南極条約に反すると非難されたかも知れません。ハリウッド映画でも、南極に潜水艦を浮かべて撮影した映画はない。やったのは角川映画だけ。チリ海軍とわれわれがコソコソッとやっちゃったから、問題にならなかった。

——八二年に勃発する「フォークランド紛争」——南極の真北にあるイギリス領のフォークランド諸島にアルゼンチンが侵攻し、イギリスが第二次大戦以降初めての大規模な海空戦を行い自国領を奪回した戦争が、映画の公開のあと起こります。撮影時に影響はなかったんでしょうか。

岡田　ぎりぎりのタイミングで影響はありませんでした。フォークランド紛争とぶつかったら、南極で撮影できなかったと思います。

深作欣二監督の狂気

——監督は『仁義なき戦い』（七三年）の深作欣二。それまで東映で反体制的なプログラムピクチャーを撮ってきた深作が、角川の大資本をバックに、女性や子供などを含む幅広い客

層に向けた大作を撮ることを、当時、批判する批評家もいました。

岡田　サク（深作）さんとは初めての仕事でした。七九年の一月に、南極から南米を経てヨーロッパをロケハン（撮影の下見）したサクさん、角川さんと、キャスティングや特撮の打ち合わせのためにロンドンで落ち合ったんです。その冬は寒波が厳しく、ロンドンは横殴りの雪でした。テムズ河のほとりで、疲労のきわみにあるサクさんとホテルへ帰る道すがら、サクさんがぽつりと、「地球上の全人類が滅亡してしまうという過程を追い詰めてゆくと、国家と個人の闘いという構図になってくるんだな」とつぶやいたことを覚えています。『復活の日』は「国家対個人」という、サクさんが遺作の『バトル・ロワイアルⅡ鎮魂歌（レクイエム）』（〇三年　深作健太との共同監督）まで一貫して追求し続けたテーマの集大成で、けっして女性や子供に迎合した大作なんかじゃありません。

――脚本は高田宏治、グレゴリー・ナップ、深作欣二の共作。どのような役割分担だったんでしょう。

岡田　最初、海外に売る映画なのでアメリカ人の脚本家で行こうと、戦争映画『トラ・トラ・トラ！』（七〇年　リチャード・フライシャー、舛田利雄、深作欣二共同監督）の英語版脚本を担当したグレゴリー・ナップに頼んだんです。しかし、出来上がった脚本をサクさんが気に入らなかった。脚本直しの、大統領執務室の描き方に関する意見の交換で、グレッグがシーンの狙いを説明すると、サクさんがその矛盾を突く。グレッグが代案を出すとサクさんが即座に否定する。反論のための反論というか、重箱の隅をつつくように相手の論理の欠陥を突きまくる。

サクさんは論理性への粘着力がすさまじいんです。あらゆる感性的なものを否定し、理性の庭に引きずり出すんですよ。アメリカ人にしては温厚で知性的なグレッグもさすがに疲れ果て、顔面に怒気を含んで、「結局のところ、フカサクは自分の意見に近付けようとしてるだけじゃないか」と呟いた。けれど、そうじゃないんです。サクさんは他人がそれぞれの感性で言う意見を取り上げて、とことんその論理を絞り上げ、その根っ子にある本質を摑まえて、自分のものにしようとしていた。そのための剝ぎ落とし、殺《そ》ぎ落としのエネルギーがすさまじい監督なんです。最終的に、グレゴリーの脚本は使えないと判断して、サクさんは高田宏治さんを呼んできた。高田さんが書いた脚本についても、サクさんは「これはなぜ？」「なぜ?」と問い詰める。高田さんは東映で慣れているのか、サクさんの質問に滔々と答える。高田さんはたしか六稿か七稿書いたはずです。

当の高田宏治は「あのころ、サクさんは髪の毛を黄色に染めたり、クラブのママを殴ったとして訴えられたり（「キンコンカン」ママ殴打事件）、おかしかったな。生死について思い詰めてた。僕の脚本にない『死なんてもうたくさんだ』というセリフを加筆したんだけど、あれがサクさんの心境だったんじゃないか」と思い返す。

ところが角川春樹は高田宏治の脚本に満足せず、『カプリコン・1』（七七年　ピーター・ハイアムズ監督、初の有人火星探査船打ち上げに絡む国家的な陰謀を描いたポリティカル・サスペンス）のドラフト（草案）を書いたアメリカ人の脚本家、フランク・ノーウッドに新たに脚本を二千万円で発注する。岡田裕は深作欣二とともに角川春樹にロサンゼルスに呼ばれ、ノーウッドのプレゼンテーションを聞く。

岡田　角川さんから「英訳した原作をもとに作ったストーリーがあるから、もし良かったらこっちに切り換えてくれ」と言われ、ロスのホテルで朝から、僕とサクさんと角川さんが、ノーウッドが身振り手振りを交えて語るストーリーを聞いたんです。アメリカ的な明朗な青春映画の要素もある、ストーリーが二転三転する冒険活劇でした。

半分聞いて、昼休みにしようということになって、角川さんは自分の部屋に引き上げました。僕とサクさんは二人の部屋に帰り、サクさんが長い沈黙のあと、「もしあれでやれと角川さんが言ったら、僕はできないよ」とボソッと呟いた。「ああ、降りるつもりだな」と思いましたね。午後になって、後半をまた聞いて、ノーウッドは大アクション映画を通訳交えて説明して、それで角川さんが「これだ！」と言ったら我々は撤退だなと思っていたら、終わったとたんにノーウッドを帰して、「あれじゃないですよね」と角川さんはズバッと言ったんです。

それで、高田さんの脚本に戻り、僕とサクさんは生き返ったわけだけれど、角川さんは二千万円をそこで捨てたわけです。角川さんは、『復活の日』をハリウッド映画的な視野から見るとどういうものができ上がるのか、迂回して考えてみたかったんだと思います。ノーウッドのプロットを捨てたとき、角川さんはハリウッド的ではない、日本初の国際映画を目指すことを決断した。ダリル・ザナックは「悪いプロデューサーはトイレットペーパーと良いシナリオの区別がつかない」と言っていますが、角川さんはシナリオを見分ける力があるだけじゃなく、一つの原作から考えられるあらゆるシナリオを比較検討してみたいプロデューサーだった。この徹底性には驚きました。

ホワイトハウスぎりぎりに低空飛行しろ！

『復活の日』は、七八年冬にロケハンを九十日、七九年八月から撮影に二百日、ロケ場所は東京、アラスカ、カナダ（トロント）、ワシントンD.C.、ロサンゼルス、ペルー（マチュピチュ）、チリ、南極に及び、製作費は二十四億円に膨らむ。出資は角川春樹事務所が十六億円、TBSが八億円。日本映画史上最大の製作費をかけた映画となった。

岡田　この映画は日活撮影所でクランクインしたあと、いきなりアラスカへ行ってラストシーンを撮ったんです。ウイルスが蔓延し、同時に核ミサイルで汚染された地球で生き残った主人公の草刈正雄が、南米でかつての恋人と再会し、抱き合い、「ライフ・イズ・ビューティフル」と呟く感動的な場面です。

アンカレッジからアラスカ鉄道で三時間かけて氷河近くのウィッティアという小さな村に着いて、撮影の準備を始めました。どうしてラストから撮ったかというと、九月のアラスカが、背後の山の積雪量などが脚本に書いている光景に一番近く、この時期を過ぎるとアラスカは氷河に覆われ、撮影ができなくなるからです。しかし、二週間ずっと雨が降りつづき、この日晴れなければカナダに移動という日に、奇跡的に快晴が訪れ、勇んだ僕らは十二時間ぶっ通しで撮影を行いました。

やっと撮り終え、カナダの東海岸にあるハリファックスという港町に停泊していたカナダ海軍の潜水艦オカナガン号の中で、潜水艦の内部を撮ったんです。カナダを撮影の拠点にしたのは、アメリカのようにユニオン（組合）の影響が少ないからです。

――日本人のクルーが、カナダ人のスタッフやアメリカ人の俳優と仕事することに支障はあ

りませんでしたか。

岡田　海外ロケがうまくいったのは大橋隆さん（プロデューサー）がいたからです。この人はあまり知られていないけれど、隠れたる逸材ですよ。大橋さんは京都出身。進駐軍の通訳をやって英語を覚え、アメリカに渡ってグリーンカードを取得し、ハリウッドで助監督になったんですね。『燃える戦場』（七〇年）などでロバート・アルドリッチ監督に師事したんです。

――『燃える戦場』は、第二次大戦中の南太平洋上の小島を舞台に、マイケル・ケイン、クリフ・ロバートソンらの連合軍の混成部隊が、高倉健ら日本軍を相手に死闘を繰り広げる戦争映画ですね。

岡田　大橋さんと一緒にハリウッドの撮影所に行くと、照明部が「よお、大橋。元気か！」と声をかけるくらいハリウッドでは名前が知られ、俳優たちにも慕われていました。『復活の日』の撮影でも、レンタカーやロケ場所をあっという間に手配し、加えて映画のことをじつによく知っている人でした。角川映画の『人間の証明』（七七年　佐藤純彌監督）のニューヨークロケで現地のスタッフと揉めたときも、問題を解決したのが大橋さんで、それから角川さんは大橋さんに全幅の信頼を置いていました。だから『復活の日』は、海外ロケが大橋さん、国内ロケが僕と角川さんが分担を決めたんです。

ところが、僕が参加しなかったロケハンのときに問題が起きたんです。ワシントンD.C.に行き、ヘリコプターで上空を飛んでいたとき、キャメラマンの木村大作が一緒に乗っていた大橋さんに無茶苦茶なことを言った。ホワイトハウスがあるワシントンの中心部は、テロ防止のためにヘリが入っちゃいけない航空制限空域なんですが、大ちゃん（木村大作）は言い出したらテコでも動かない。「もっと近づけ。もっと近寄れ」と大橋さんを怒鳴り散らした。

「これ以上入ったら、ハリウッドで二度と仕事できなくなりますよ」と大橋さんが諫めても、大ちゃんはホワイトハウスを真上から撮りたいから、「そんなこと知るか！」と命じるわけです。ロケハンの九十日間、人の良い大橋さんは大ちゃんの要望をできるだけ叶えようと、やれるところまでは頑張ったけれど、無理難題ばかりぶつけられ、ストレスが積み重なった。撮影が始まり、僕がアラスカロケを仕切り、その間に大橋さんがトロントでのセット撮影のセッティングを済ませたんです。いよいよアラスカから大ちゃんも含めたロケ隊がトロントに到着する朝、同じ部屋の大橋さんが起き上がれなかった。

「岡田さん……目の前が真っ暗になって、気持ちが悪い」とうずくまった。医者に診てもらうと、自律神経失調症とストレス性障害。もちろん大ちゃんのせいです。「あとはやりますから」と、大橋さんが段取りをしていたトロントの撮影を僕が引き受けて、いったん日本に帰ってもらったんです。三ヵ月後に病が癒えて、大橋さんが帰ってきて、ロケに合流してくれました。そこで僕は大橋さんにバトンタッチでき、あとは大橋さんの力でスムーズに撮影が進んで行きました。

角川さんはその後も海外ロケ作品のときには大橋さんを頼りにしていて、川中島の合戦をカナダで撮った『天と地と』（九〇年　岡田裕製作、角川春樹監督）でも声をかけたんです。けれど、そのとき大橋さんはがんに冒されていました。角川さんは大橋さんと奥さんをカナダのカルガリー高原のロケ地に招待し、それから間もなく大橋さんは亡くなられました。映画界には大橋さんのような知られざるプロがたくさんいます。映画は名もない人々によって作られてきたんですよ。

名優グレン・フォードを追い込む

――トロントの撮影所では深作監督がアメリカ大統領役のグレン・フォードを降ろそうとしたと聞きます。

岡田　グレン・フォードは、『ギルダ』（四六年　チャールズ・ヴィダー監督）、『暴力教室』（五五年　リチャード・ブルックス監督）などに出演した名優です。当時六三歳でしたが、もうセリフが覚えられなかった。「ダイアローグ・コーチ」と名乗るフォードの付き人が大きな紙にセリフを書いて、フォードの目線に持って行く。フォードはその紙を目で追い、そのために不必要な間をとりながら咳払いの一つもしておもむろにセリフをしゃべる。

サクさんは頭に来て、「間を詰めろ！」「目線を泳がせるな！」「セリフカードを捨てろ！」と甲高い水戸弁で怒鳴り、それを通訳がフォードに伝える。フォードは我関せずとばかり、「俺はずっとセリフカードを使ってやって来た。これは俺のやり方だ」。「くそっ！　セリフのしゃべれねえ役者なんて日本にはいねえぞ！」とサクさんが怒鳴り返す。

そんな撮影が続いたある朝、ホテルから撮影所に向かう車の中でサクさんが「代えてくれ」と言ったんです。それに対して僕はボソボソとこう答えた。「サクさん、フォードは真面目に一生懸命やろうとしているじゃないですか。それに今回の映画の目玉のキャスティングで、アメリカ大統領役は、その風貌、貫禄からいってそうそう誰にでもできるもんじゃない。いまもし彼を代えるとなると、半月かそこら撮影がストップして、キャスティング構想を練り直さなければならなくなるんです。何とか、騙し騙しうまく持っていってくれませんか」。サクさんはムッとした顔で何も答えませんでした。

その日の撮影は、クレムリンからのホットラインで、ソ連の首相がウイルス感染のために死んだとフォードが聞く重要な場面でした。長く動きの多い難しいショットで、ロバート・ボーン以下の錚々たる脇役は居並んで注視し、セリフはグレン・フォードだけ。「レッツ・

テーク（本番）、スタート！　アクション」とサクさんが声をかけ、「カット、もう一度いこう！　テーク2。もう一度、テーク3……」と何度もやり直させるんです。

フォードの目に焦燥感が走って、「どこが悪いんだ？」。「歩いてくる方向が微妙にずれた。受話器の取り方も微妙にもう一度」とサクさんは「微妙に」を繰り返す。テーク6、テーク7になったとき、フォードの目の色が焦燥から怒気に変わりました。「なぜいけないんだ？」。「タイミングが微妙に違う」。ステージが水を打ったように静まり返り、スタッフはサクさんとフォードの一対一の勝負を固唾を呑んで見守っていました。

監督は針の穴を通すような精密な演技を要求し、ベテラン俳優が意地でそれに耐える。サクさんの目にはサディスティックな光が宿り、フォードの目も血走ってきた。「テーク15、もう一度……」とサクさんが言ったとき、グレン・フォードは踵を返してセットを出て行ってしまったんです。「ついにハリウッドスターを怒らせてしまったか。彼は荷物をまとめてロサンゼルスに帰ってしまうかも知れない」という不安を心に過《よ》ぎらせながら、フォードのあとを追って、控え室に行ったんです。サクさんもついて来た。

控え室に入ると、フォードが椅子に座って、ポロポロ涙を流していました。「どうして俺はあんな芝居ができないんだろう……どうして……」と。サクさんがフォードの肩に手をポンと置いて、「大丈夫、あんたはできるさ」と言ったんです。ふたたびフォードがセット・

インして、「テーク16、もう一度、テーク17、もう一度、テーク18……」。ついに監督が言った。「オッケー！　よくやった、良かったよ」と、深作欣二とグレン・フォードが肩を抱き合ったんですね。この日を境に、日本のクルーとハリウッドの俳優たちとカナダのスタッフが打ち解けたんですね。

――しかし、このグレン・フォードらアメリカ人俳優が登場する大統領執務室のシーンと、日本の俳優が演ずる病院や南極の基地のシーンがカットバックされると、アメリカ人俳優と日本人俳優の演技の質の違いが露《あらわ》になりますね。

岡田　そうね。日本の俳優たちは事態の深刻さ、恐怖感、驚愕などを直接的に表現しようとし、泣き、叫び、大声で罵る。一方、アメリカの俳優たちは、同じ恐怖や驚愕を表現するときに、リラックスしながら役の緊張を演ずる。おそらく、アメリカ人の俳優は、その役の人物のその日一日の流れ――たとえば、まず朝起きて、コーヒー飲んで、トイレに行ってといら日常性のつながりの中で、恐れや驚きを表現している気がしますね。傍ら、日本の俳優たちは恐れや驚きを観念的に、直情的に表現しています。残念ながら、下手であっても、グレン・フォードの演技に一日の長があるかも知れませんね。

ヒロイン役を更迭

岡田　トロントでの撮影が終わり、撮影隊はアメリカのデス・ヴァレーでラストシーンの最初のカット、草刈正雄が揺らめく蜃気楼の中から現れる場面を撮りに行きました。僕が南米での撮影の準備のためにロスのホテルにいると、角川春樹さんから電話がかかってきたんです。

「カナダでラストシーンのラッシュを観たんだが、感動しないので撮り直しはできないか」と。深夜でしたが、僕はすぐにロスから四百キロ離れたデス・ヴァレーのホテルにいる深作監督に電話し、二時間以上長電話したことを覚えています。たしかに、ラストシーンは草刈正雄が英語のセリフを上手く喋れず、恋人役のマリリン・ハセットに「水に入って欲しい」と頼んだら、「水に入る契約になっていない」と拒まれるなど、撮影がスムーズに行かなかった。僕も正直、上がったラッシュに不満はありました。

けれど、スタッフが全精力を傾けて撮ったシーンですし、すでに冬になったアラスカでもう一度撮影することは不可能です。サクさんは憮然としながら、「どうせ撮り直すなら、芝居の上手くないハセットを代えてくれ」と言い出した。しかし、この恋人役はこれからロケする南極の場面にも出番があるので、代えるんなら、ロスにいるうちにすぐに代役を決めなければならない。撮り直すなら、アラスカ以外のどこで撮ればいいんだ。いくら余計にかかるのか……さまざまな問題が僕の頭の中をぐるぐる駆けめぐり、あの夜がこの映画の撮影で一番しんどいときでしたね。

――最終的にどう解決されたのですか。

岡田　五月みどりの元夫の面高昌義（日本テレビのバラエティ番組のディレクターを務めたあと渡米し、現地でディレクター、コーディネーターになる）に頼んで、オリビア・ハッセーのスケジュールを押さえてもらい、代役が決まったんです。降板させた女優とは訴訟になりましたが、弁護士を使って解決しました。

――アラスカの代わりにどこで撮影したんですか。

岡田　日本です。千葉県の房総半島の釣師海岸で草刈正雄が魚を獲って食べるロングを、山梨県の本栖湖で草刈とハッセーが抱き合うショットを撮ったんです。日本で撮ったカットと、アラスカで撮ったシーンで使えるものをカットバックしたんですね。上手くつながりましたが、これはかなり危うい賭けでした。

海外セールスの失敗

『復活の日』は日本国内で目標を下回る二十四億円の配給収入しか挙げられず、海外への販売にも失敗する。角川春樹はその理由として、「物語が日本人の視点で描かれ、日本的な情緒やウエットなキャラクターが海外では通用しなかったこと」「草刈正雄の英語の問題」「ハリウッドのユダヤ資本が日本人のハリウッドへの進出を歓迎しなかったこと」を挙げている(『最後の角川春樹』)。『復活の日』以降、角川映画は大作の一本立てから、収益が上がるプログラムピクチャーの二本立て興行へと舵を切る。そこから、薬師丸ひろ子、原田知世などによる「角川アイドル映画」が始まる。

岡田　『復活の日』で南極に潜水艦を浮かべたところはハリウッドも注目していました。しかし、角川さんが言うように海外販売が成立しなかった。そこで、五十時間分の撮影素材でもう一本、海外ヴァージョンを作ろうと、ハリウッドの編集者を立てて深作版とは違うものを再編集したんですよ。だけど、それでも商売にならなかった。
『天と地と』でも同じことを試みるんですが、結局、海外セールスは成り立たない。六〇年代にハリウッドに進出できる可能性があったのは黒澤明さん、八〇年代に海外のマーケットの壁を打ち破れるのは角川春樹さんしかいなかった。角川さんは『ルビー・カイロ』(九二年　グレム・クリフォード監督)まで果敢に海外にチャレンジし続けますが、失敗するんですね。

僕もこのあと、八二年にヘラルド・エースの原正人さんと組んで、日米合作で黒澤明、菊島隆三、小國英雄脚本の『暴走機関車』の映画化を実現しようとしました。黒澤さんの意向でアメリカの若手監督を使う予定でした。

――『暴走機関車』は、黒澤明が『赤ひげ』（六五年）のあと、ハリウッド進出を目論み、六三年に実際にニューヨーク州で起こった「巨大な四連結のディーゼル機関車が、操縦できない三人の男を乗せて時速百四十六キロで暴走した」事件に取材して書いた脚本ですね。六六年の段階では、ヘンリー・フォンダとピーター・フォークの共演、シドニー・キャロル（『ハスラー』〈六一年　ロバート・ロッセン監督〉、『テキサスの五人の仲間』〈六六年　フィルダー・クック監督〉などの脚本家）の脚本で撮影予定でしたが、キャロルがオリジナル脚本に加筆した幻想シーンを黒澤が受け入れられず、キャンセルしたんですね。

岡田　その企画をオリジナル脚本に戻してやろうとしたんです。機関車の暴走という徹底的なアクション映画であるところが面白く、すごく映画的な企画だと思いましたが、最終的に日本からもアメリカからも製作資金が集まらず、頓挫するんですね（八五年にアンドレイ・コンチャロフスキー監督によって映画化）。

――『復活の日』の三年間は岡田さんにとってどんな経験でしたか。

岡田　海外に売れなかったのは残念ですが、『復活の日』は四十年後のパンデミックを予言した先見的なエンタテインメントで、もっと評価されていいと思います。僕の映画人生の中でも、『復活の日』にラインプロデューサーとして携われたことはとても大きな自信になりました。これからプロデューサーとしてやっていけるなと。それはひとえに角川さんはもとより、西村さん、大橋さんとの出会いがあったからです。とくに西村さんの力で潜水艦を南極に浮かべられた。僕の人生で西村さんは大切な人ですね。

二〇二四年の社会通念からすれば、人権を抑圧する政権に利益供与したとも見なされる『復活の日』は「フェアトレード（途上国の経済的・社会的に弱い立場にある人々を支援する貿易）」の理念に反する。この映画が「産む性」としての女性を強調して描いている点はフェミニズムの観点から指弾されるだろう。また、この映画の日本的なセンチメンタリズムは現在ではいささか古めかしい。しかし、壮大なスケールで世界の破滅と再生という深遠なテーマを描いた『復活の日』は、現在こそ、その先見性を評価すべき映画だ。二〇二〇年四月、緊急事態宣言下の新宿ピカデリーでこの映画のリバイバル上映を観たとき、私は時代が『復活の日』に追いつき、この映画がパンデミックを招き寄せたかのように思え、震撼した。

第二章　『桃尻娘』シリーズ――ロマン・ポルノのアイドル化

『桃尻娘　プロポーズ大作戦』（1980年公開）での「桃尻ガールコンテスト」（©日活）

「ニュー・センチュリー・プロデューサーズ」発足

『復活の日』が終わり、にっかつ撮影所に帰った岡田裕を待ち受けていたのは、会社の合理化だった。にっかつは根本悌二社長による株の増減資で一旦は借入金を縮小したが、根本がさらなる投資に失敗し、八一年、岡田裕らプロデューサーたち九名全員の専属契約を解除した。

岡田　「個々のプロデューサーにロマン・ポルノを発注するというシステムにしたいので会社をいったん離れてくれ」と言われて、僕らは個人事業主になるための青色申告の指導を経理部から受けました。八一年中に、まずプロデューサーが、続いて監督たちとベテラン技術スタッフが専属契約を解除されます。

さらには二十名ほどいた大部屋俳優たち全員が解雇されます。ロマン・ポルノは八八年まで続きますが、僕はこの年（八一年）に実質的に日活の撮影所文化は終わったと思っています。この一連のリストラで、撮影所の優秀な人材が一斉に日活から放り出されたんです。

六人のプロデューサーたち（岡田裕、結城良煕《よしひろ》、細越省吾、八巻晶彦、海野義幸、中川好久）が集まって、毎晩ミーティングを行い、制作プロダクション「ニュー・センチュリー・プロデューサーズ」（NCP）を立ち上げることにしました。このとき、にっかつ企画本部長の武田靖さんは自社の企画部も解散しました。なぜなら、「これからは外部のプロデューサーが中心になってにっかつと提携するかたちで、それぞれ企画を考えてくれる。従って企画部は要らない」という理屈です。それから半年後に、「やっぱり企画部は必要だ」と武田さんは復活させるわけですから、やることなすことその場しのぎです。

――しかし、そういういい加減な会社から出た人材が以降の日本映画を作っていくんですね。

岡田　会社が無定見だから、自分たちで食い扶持を見つけるより仕方がなかった。八〇年代の映画は、にっかつだけではなく、テレビ局や出版社も映画に出資する時代だと思って、中原俊、那須博之、金子修介らの監督、山崎善弘、前田米造、水野尾信正らのキャメラマンを所属スタッフにしました。

所属監督の一人、金子修介は、「『大きな仕事を取ってきて、俺たち（NCP）を食わせろ』と岡田さんから命じられ、毎月五万円、お小遣いをもらっていました」と打ち明ける。

ＮＣＰは「キャスティング担当」として笹岡幸三郎を招いた。笹岡はレコード会社、日本コロムビア興行部の出身。その後、国際放映でテレビドラマ『傷だらけの天使』や『探偵物語』などの演技事務（キャスティングやスケジュール調整、ギャランティの交渉をする担当）を務め、松田優作と「夢家事務所」という会社を設立。ＮＣＰに移ったあと、日本映画で初めて「キャスティング・ディレクター」を名乗った。

岡田　彼はそのあとプロデューサーになって、『櫻の園』（九〇年）や『12人の優しい日本人』（九一年　ともに中原俊監督）を僕と一緒に製作します。笹岡に入ってもらったのは、撮影所が映画を作っていた時代には「演技事務」がキャスティングを行いましたが、撮影所が機能しなくなったあとは、制作プロダクションがキャスティング・スタッフを抱えなければならないと思ったからです。

――「ニュー・センチュリー・プロデューサーズ」＝「新世紀のプロデューサーたち」。気宇壮大な社名ですね。

岡田　事務所は赤坂の四畳半ひと間の部屋でしたけれど。

贅沢だったロマン・ポルノの音楽

ＮＣＰは『狂った果実』（八一年　根岸吉太郎監督）を手始めに、年間二十本あまりのロマン・ポルノを企画し、製作を下請けする。それ以前、岡田が手がけていたのが新機軸となったアイドルポルノだった。

岡田　七〇年代後半になって、ロマン・ポルノに当初の勢いがなくなってきました。「ロマン・ポルノは七〇年代の徒花だったのかな」なんて思っていた矢先、若手企画部員の成田尚哉が『桃尻娘』の話を持ってきたんです。

『桃尻娘』（七七年）は二十九歳の橋本治が少女漫画や雑誌の投稿欄の女子高校生の口語体を模し、十五歳の榊原玲奈の一人称で書いた初めての小説。同年の「小説現代新人賞」佳作を受賞した。玲奈の精緻な周囲の観察と、悪態の痛快さが同時代の多くの読者の共感を得た。

岡田　その原作をもらうために、代田橋のラーメン屋で成田とともに橋本治さんに会いました。橋本さんは代田橋商店街の菓子屋の息子で、六八年に東大在学中に「とめてくれるなおっかさん　背中のいちょうが泣いている　男東大どこへ行く」というコピーを打った駒場祭のポスターを描いて一躍注目され、イラストレーターになり、『桃尻娘』を書いたんですね。ラーメン屋にカランコロンと下駄を鳴らして現れた橋本さんは「気のいいあんちゃん」という感じの気さくな人でしたね。

監督はファンキー（小原宏裕）に頼みました。助監督時代にいつもファンキーハットを被っていたので西河克己監督がファンキーと渾名を付けた。映画監督にしては調子が良くておっちょこちょい。インテリの監督が多い中で、ファンキーは観念的な主義主張が大嫌いで、文学的な思い入れがなく、俳優たちの地のままの動きをひたすらテンポよく切りきざんで撮るんです。『後から前から』（八〇年）、『ＯＨ！　タカラヅカ』（八二年）など、八〇年代のロマン・ポルノのライト・コメディはファンキーなくしてはできませんでした。

主演の竹田かほりと亜湖には、七〇年代初期の女優さんと違ってヌードになることの気後れやためらいがありませんでした。

――『桃尻娘』シリーズの音楽は、このあと織田哲郎とともにＢｅｉｎｇを創設する長戸大幸が担当。主題歌は長戸夫人の亜蘭知子が歌っています（作詞も亜蘭）。

岡田　ロマン・ポルノの音楽は贅沢でした。なかにし礼さんが『時には娼婦のように』（七八年　小沼勝監督）で脚本・主演・音楽の三役を手がけ、三枝成彰さんが根岸（吉太郎監督）の『朝はダメよ』（八〇年）の音楽を引き受け、立川直樹さん（のちに『マルサの女』を始めとする伊丹十三作品、『悲情城市』、『紅夢』などの音楽監督を務める）がプロデュースしたプログレッシブロックバンド、コスモス・ファクトリーが『わたしのSEX白書　絶頂度』（七六年　曽根中生監督）や『夢野久作の少女地獄』（七七年　小沼勝監督）に音楽を付けてくれましたから。

七〇年代後半からのロマン・ポルノの音楽は、「フォークソング」から、ロックやフュージョン、AOR（アダルト・オリエンテッド・ロック）の影響を受けた、都会的でポップな「ニューミュージック」にしだいに推移していく音楽のトレンドに呼応していた。

ロマン・ポルノの監督の中でもっとも音楽に鋭敏だったのが、七八年に『オリオンの殺意より　情事の方程式』でデビューした根岸吉太郎である。

根岸　ロマン・ポルノって音楽予算がないんですよ。日活で昔、劇伴を書いてくれた人たちのものを使ったり、ライブラリーで処理することがほとんどだった。

僕、それは絶対いやだなと思って、誰かを指名して、法外に安い値段で頼みました。南佳孝さんの『摩天楼のヒロイン』（七三年　松本隆プロデュース、細野晴臣アレンジ）っていうのが抜群のアルバムだったから、『女生徒』（七九年）の音楽を書いてもらい、近田春夫さんも好きだったから『暴行儀式』（八〇年）の音楽を頼んで、近田春夫&ハルヲフォンの1

stアルバム『COME ON, LET'S GO』（七六年）から僕が「いえなかったんだ」を選曲しました。
新しい人と組みたくて、三枝成彰さんを紹介されて『朝はダメよ』を依頼すると、三枝さんはフュージョンバンドのカシオペアに演奏させました。カシオペアの名前は出さないでくれって言われたけど。サックス奏者の本多俊之さんも僕が見つけて、『人魚伝説』（八四年ATG作品、根岸プロデュース・池田敏春監督）のときに初めて映画音楽をやってもらったんですよ。そしたら、細越（省悟。伊丹十三作品のプロデューサー）さんにさらわれて、伊丹映画に持ってかれちゃった。

話を『桃尻娘　ピンク・ヒップ・ガール』に戻す。『桃尻娘』の公開時のことを、池袋北口日活の劇場担当だった山田耕大（のちのプロデューサー、脚本家）はこう語る。
山田　あのころ、給料はいつも遅配。月給日には三分の一しかもらえなかったんですよ。そうすると、客の入りにすごく敏感になる。七八年のゴールデンウィーク、『桃尻娘』の封切り日のことはいまでも忘れません。劇場のシャッターを開けたとたんにお客さんが雪崩れこむように入ってきた。あっという間に客席が満杯になり、立ち見になって、ドアが閉まらないんですよ。こんなことはいままでなかった。

岡田　『桃尻娘』は三本続き（三作目『桃尻娘　プロポーズ大作戦』〈八〇年〉）は一般映画として公開される）、この映画からロマン・ポルノにあたらしい風が吹いて、美保純主演の『ピンクのカーテン』シリーズ（八二〜八三年　上垣保朗監督）につながる。ロマン・ポルノに出演しながらテレビCM（日清食品「焼きそばU．F．O．」）に出たり、国鉄（現・JR）の夜行バス「ドリーム号」のポスターに採用されたのは彼女が初めてじゃないかな。女優がアイドル化され、七〇年代のようにセックスを淫靡なもの、人間の存在を大きく揺るがせるものとしてではなく、着替えたり、ご飯を食べたりするのと同じカジュアルなものとして描くようになってくるんですね。

成田尚哉や山田耕大は僕よりもひと回り半下の世代ですが、彼らは僕らのように文芸作品から発想せず、マンガや劇画から映画のネタを探してくるんですよ。「週刊漫画アクション」に連載されていた『嗚呼!!　花の応援団』（どおくまん）を一般映画のヒットシリーズ『嗚呼!!　花の応援団』三部作（七六〜七七年　曽根中生監督）に、「ヤングコミック」に載った大友克洋の初期作品『任侠シネマクラブ』を原作に『高校エロトピア　赤い制服』（七九年　白鳥信一監督）を、「ヤングコミック」連載の『天使のはらわた』（石井隆）を原作に『天使のはらわた』シリーズ（七八年〜）を企画し、石井隆を『天使のはらわた　赤い眩暈《めまい》』（八八年）で監督デビューさせたのもみんな成田。「漫画サンデー」に載った『Ｍｒ．ジレンマン』（笠太郎《かさたろう》）を『Ｍｒ．ジレンマン　色情狂い』（七九年　小沼勝監督）というハチャメチャなスラップスティックコメディにしたのが山田でしたね。

少女たちの性への解放

『桃尻娘』がヒットした七八年には、小学館の男性誌「ＧＯＲＯ」（七四〜九二年）に連載された篠山紀信の「激写」シリーズをまとめた『激写・１３５人の女ともだち』が七十万部以上のベストセラーになった。１３５人の一人、吉村彩子はロマン・ポルノ『少女娼婦　けものみち』（八〇年　神代辰巳監督）に主演する。『激写・１３５人の女ともだち』のヒットをきっかけに、小学館は篠山紀信をメインにした写真雑誌「写楽」（八〇〜八五年）を創刊。そして、講談社も「スコラ」（八二〜一〇年）を刊行し、長友健二による素人ヌード「キミの街の女の子」や野村誠一の「熱風写真館」を載せた。これらの大手出版社に対抗し、白夜書房が「写真時代」（八一〜八八年）を出版し、荒木経惟が連載するなど、八〇年代はヌードグラビア文化の全盛期となった。

山田　男性の側だけじゃなく、女性の性意識も変わりましたね。一般映画として製作された

『おさな妻』（八〇年　原悦子主演、白鳥信一監督）を上映したとき、僕が劇場に客の反応を見に行くと、中学生くらいの女の子が二人でアイスキャンディを手にロビーのソファに座っていました。僕が「これからどんな映画が観たい？」と聞くと、彼女らは表情一つ変えずに「ポルノ」と。

八三年から始まる『オールナイトフジ』（～九一年　フジテレビ系）が火付け役となって「女子大生ブーム」が始まりますが、僕はそれに先駆け、『女子大生の基礎知識　ANO・ANO』（八一年　小原宏裕監督）を企画しました。現役女子大生の恋愛やセックスに関する本音をエッセイや座談会、インタビューのかたちでまとめた、下森真澄、宮村裕子著『ANO・ANO』が原作でした。

それに、『女子大生の告白　赤い誘惑者』（八〇年　加藤彰監督）では、和歌山大学に在籍していた紀ノ山涼子が、脚本を書き主演もします。彼女は寺山修司のお弟子さんで、平穏な学生生活を送る女子大生が大学教授の愛人になり、クラブのホステスやストリッパーになって心の渇きを癒やすが、ある作家と知り合い殺人に手を染める、という文学臭がただようミステリーで、じつはノン・クレジットで寺山修司さんが脚本に加筆しています。

パロディと軽薄の渦

成田尚哉は二〇二〇年に逝去したが、生前に『日活　1971-1988』のインタビューでこう語っている。

〈この頃（引用者註――『桃尻娘』の時期）からロマン・ポルノにも明るくポップな色彩が出て来たのではないでしょうか。泉じゅん、原悦子、寺島まゆみ、などの出現で明るいポルノが当たり始めました。そして数年後には那須博之『セーラー服　百合族』（一九八三）や金子修介『宇能鴻一郎の　濡れて打つ』（一九八四）の登場でロマン・ポルノが新しい地平を拓いたと感じました〉

大人気コミック『エースをねらえ！』（七三～八〇年　山本鈴美香）のパロディのようにも思える『宇能鴻一郎の　濡れて打つ』でデビューした金子修介は、八〇年代のロマン・ポルノのアイドル路線と「軽さ」についてこう語る。

金子　八〇年代最初のアイドルは原悦子でした。原さんにはどこかしら七〇年代の翳りがあったけれど、ファンクラブもでき、秋の大学祭では引っ張りだこになっていきました。「いまやアイドルは（山口）百恵ちゃんでも（榊原）郁恵ちゃんでもない。翔んでるセックスアイドル、原悦子ちゃん」という『看護婦日記　いたずらな指』（七九年　白鳥信一監督）の予告編のコピーを考えたのは、ほかでもない助監督時代の僕です。

八〇年に原悦子が引退し、入れ替わるように、「ロマン・ポルノの聖子ちゃん」というキャッチフレーズとともに寺島まゆみの時代がやってくる。八〇年に松田聖子、八二年に小泉今日子、中森明菜がデビューして「第二次アイドル時代」が始まったのと歩調を合わせて、ロマン・ポルノのアイドル路線が始まったんですね。そのあと、美保純というディスコ・クイーン出身のスーパーアイドルが出現し、大ブレイク。『ピンクのカーテン』三部作で彼女がにっかつを離れたあと、ロマン・ポルノの売り上げが激減します。

アイドル化と並行して、八四〜八五年になると、日本映画で「軽い」ことの価値がだんだん高くなってきました。長谷川和彦さんが大森一樹さんとの対談で「お前より軽いやつが出てきた。それは森田芳光だ」と言って、森田さんは僕の『濡れて打つ』を観て、「いやあ、軽かったなァ！」と褒めてくれました。「俺より軽いやつが登場した」と。

八一年から八二年にかけて、ロマン・ポルノのポスターは、若者向けを強く意識したポップ化が進み、「彩度」が上がり「暗いイメージ」が払拭された、と『日活ロマン・ポルノ入門』で千葉慶は指摘する。

八〇年代前半、山本奈津子、小田かおるらロマン・ポルノの女優たちが男性雑誌や週刊誌のグラビアを飾り、宣伝部の千葉好二が、寺島まゆみ、北原理絵、太田あや子の三人を「キャンディーズ」にあやかって「スキャンティーズ」と名付け、トリオ作『制服体験トリオわたし熟れごろ』（八一年　西村昭五郎監督）を製作した。加えて八四年、レコード会社「EPICソニー」の創業者、丸山茂雄がロマン・ポルノの大ファンであったことから、にっかつと組んで新人女優を発掘し、その女優に歌を歌わせようという企画を立て、オーディションを行った。全員一致で決まったのが洞口依子で、洞口は黒沢清監督『女子大生・恥ずかしゼミナール』（八四年　伊丹十三共演）に主演する。しかし、この映画のラッシュを観た映像事業本部長の武田靖が「これはロマン・ポルノではない」と猛反対しお蔵入りにしたあと、にっかつとともに製作に携わっていたディレクターズ・カンパニーが追加撮影と再編集を行い、『ドレミファ娘の血は騒ぐ』というタイトルで八五年に公開する。公開初日のPARCO劇場に行くと、ロビーで蓮實重彥と伊丹十三と洞口依子が談笑していた。

そして、ロマン・ポルノのアイドル化とともに、八〇年前後にデビューした新進監督たち、根岸吉太郎、中原俊、金子修介らが、ロマン・ポルノにおいて男性中心主義から逃れた性描写を模索したことも忘れてはならないだろう。根岸は「それまでのロマン・ポルノで、急に女性が目覚めちゃって性に狂うとか、そういうの、嘘っぽいなと思ったんです。襲われて、やられている間に気持ち良くなって、声を出してのけぞっちゃうっていうのは男の願望で、自分が知っている性ってそんなもんじゃない。小さいリアルからものをつくりたいなと思ったんです」と語る。

根岸は男性中心の性的妄想への嫌悪から、自分たちのカジュアルでリアルな性に向かおうとした。そのとき、性を媒介にして、男性と女性の新たな関係性が捉えられようとしていたのである。

第三章　『ヨコハマＢＪブルース』——松田優作の「素」の世界観

熱唱する松田優作（写真　講談社資料センター）

松田優作のひらめき

二〇二四年春、生誕七十五周年を記念し、ソウルの「韓国映像資料院」、釜山の「映画の殿堂」、東京の「丸の内TOEI」と「角川シネマ有楽町」で松田優作の特集上映が行われた。没後三十五年、彼の人気はいまなお衰えない。岡田裕が松田優作と出会ったのは一九八一年、『ヨコハマBJブルース』（工藤栄一監督）の準備中だった。

岡田　そのころ、NCPの六人のプロデューサーたちは他社に出向していましてね。脚本が読め、キャスティングやスタッフィングに長けて、こうした実務を算盤《そろばん》を弾きながらできる、企業内で鍛えられたプロフェッショナルな製作者である僕らは映画の現場を転々としました。

細越省吾が東映セントラルの『ガキ帝国　悪たれ戦争』（八一年　井筒和幸監督）を、八巻晶彦が新日本映画の『南十字星』（八二年　丸山誠治、ピーター・マックスウェル共同監督）を、中川好久がジョイパックの『オン・ザ・ロード』（八二年　和泉聖治監督）を、僕も東映セントラルの『ヨコハマBJブルース』にラインプロデューサーとして呼ばれました。優作のマネージメントをやっていたセントラル・アーツがものすごく忙しくて、黒澤満さんが日活の後輩の僕を助っ人に呼んだんです。

現場にやってきた岡田の姿を、『ヨコハマBJブルース』の脚本家、丸山昇一は記憶に留めている。

丸山　岡田さんが来た一日目、ロケハンや衣裳合わせや脚本読みをその日のうちに全部やったんです。この人は、監督の側に立った脚本の読み方、それから脚本家というものがどういう生き物かということ、それから現場のいろんな制約とか、バジェットの計算の仕方から、映画製作の全部を分かっている完璧なプロデューサーだなと思いましたね。

──『ヨコハマBJブルース』はどのように企画が立ち上がったんでしょう?

丸山　(松田)優作が『クルージング』(八〇年　ウィリアム・フリードキン監督)を観たことが発端です。優作はめったに試写を観ない人なんですが、『最も危険な遊戯』(七八年)、『処刑遊戯』(七九年　ともに村川透監督)を作った東映セントラルフィルムの関連会社、東映洋画部が配給した『クルージング』の試写にふらりと顔を出した。アル・パチーノが、ニューヨークのクリストファー通りというゲイの人たちが集う町で起きた連続殺人事件を潜入捜査する警官を演じた映画の音楽(ジャック・ニッチェ)にものすごく感動したらしいんです。

——ジャック・ニッチェは、ローリング・ストーンズ、フィル・スペクター、ニール・ヤングなどに楽曲を提供し、映画音楽では『エクソシスト』（七三年　ウィリアム・フリードキン監督）、『カッコーの巣の上で』（七五年　ミロシュ・フォアマン監督）、『愛と青春の旅だち』（八二年　テイラー・ハックフォード監督）で知られるアメリカの作曲家、編曲家ですね。

丸山　不安を煽り立てるようなテクノ・ミュージックとハードゲイクラブで流れるロックが印象的でしたね。優作は東映洋画からもらったサントラ盤のテープを僕に聴かせ、「丸山。このノリで頼む」。「映画を観てみますよ」と僕が言うと、「観なくていい。この音楽みたいな感じで書いてくれ」と。

『探偵物語』の呪縛

——サントラから映画を発想するところが面白いですね。

丸山　そんなことばっかりだった（笑）。『ア・ホーマンス』（八六年　松田優作主演・監督）のときには、漫画のたった一コマでした。狩撫麻礼原作の漫画の、新宿・歌舞伎町の風俗店の裏で、酒瓶の箱を運んだあと、主人公がボーッと魂が抜けたように、見ようによっては神の啓示を静かに受けたように突っ立っている。その一コマだけを優作が指して、「地上から二、三ミリ浮いてるよな。これ、やる？」と僕の目をのぞきこんだ。

僕はデビュー作の『処刑遊戯』、テレビの『探偵物語』、『野獣死すべし』（八〇年　村川透監督）と優作の主演作を書いてきましたが、優作の言葉の裏にあるニュアンスに肉付けしていくのが自分の役割でした。優作は僕のことを、自分が表現したい「空気」や「気分」を書いてくれる「共犯者」だと思ってくれて、しょっちゅう呼び出され、「こういう映画をやりたい」「ああいう映画はどうだ」と言われました。優作が言う難しいニュアンスを、死ぬような思いをして脚本にすると、それを読んだ優作が、「全然ダメだよ。こんなものは！」と一刀両断。「ダメだッ、俺、死にたい」と頭を抱える。「俺のほうが死にたい」と僕は思う（笑）。そんなふうに、ギャラなしで未映画化脚本を山ほど書きました。

『ヨコハマＢＪブルース』を発想したころ、優作にはテレビの『探偵物語』のパート２やその映画版をやらないかという話がたくさん来て、彼はうんざりしていたんですね。そこで、『クルージング』の音楽のノリで、『探偵物語』とはまったく違う探偵を演ってみたかった。「どんな探偵がいいかな」と話しているうち、優作がふっと「『ロング・グッドバイ』（七三年　ロバート・アルトマン監督）みたいな探偵はどうだ？」と。

──『ロング・グッドバイ』は、レイモンド・チャンドラーの原作（五三年）をＳＦ作家で、『三つ数えろ』（四六年）、『リオ・ブラボー』（五九年）などハワード・ホークス監督作

品の女性脚本家、レイ・ブラケットがロバート・アルトマンの依頼を受け、五〇年代の原作を七〇年代に移し、再構築した映画ですね。私立探偵、フィリップ・マーロウを演じたのはエリオット・グールド。

丸山　とくに冒頭で、夜中に飼い猫の餌がなくなって、グールドが買いにいくシーンがあるじゃないですか。住んでいるアパートを出て、半裸で遊んでいる女性たちに軽口を叩いたりしながら、ネクタイを締め、くわえ煙草でスーパーマーケットに入っていく。「ストーリーどうのこうのというより、ああいう都市の片隅で漂っている感じ、その街でしか生きられない人間を描いてくれ。ストーリーは『ロング・グッドバイ』でいいんじゃないの」と優作が言うんです。

――原作はフィリップ・マーロウとテリー・レノックスの友情と裏切りの物語ですが、映画は原作の設定だけを借りて、マーロウが松田優作、レノックスが内田裕也。

丸山　そこはまんま。

松田優作のプライベートフィルム

――映画が小説と違うのは、主人公の松田優作（ＢＪ）が私立探偵である上に、シンガーであること。音楽を担当したのはハードロックバンドのクリエーション。『ブラザーズ・ソン

グ』『ハーデスト・デイ』『ヨコハマ・ホンキートンク・ブルース』などを松田優作がたっぷり歌います。

丸山　そのころ、優作はずっとコンサート・ツアーをやっていたので、「歌じゃ食えないから探偵をやっている、そういう感じはどうですか？」と訊ねると、「ちょっとヘビーすぎないか？」と優作。ヘビーというのは、スクリーンの中で松田優作が占めるウエイトが大き過ぎるという意味です。

「映画の中で俺がもっと軽く佇んでいたい」と優作が言うので、僕は「だったらこういうのはどう？　優作さんは歌を歌ってて、暇なときに探偵をやっている。やくざのファミリーに乗りこんでって、ひどい目に遭わされる。だけど、今夜もライブで小銭を稼ぎたいからステージに立つ。お客は二、三人しか来ないけれど、ヘロヘロになりながら歌って、その晩は酒を飲んで、十数人いる彼女のうちの一人の家に行って寝る。そういう探偵はどうですか？」

「丸山ッ、それは俺の理想だよ。それだ！」って。脚本ができて、黒澤満さんが「監督は誰にする？」。優作はずっと工藤栄一さん（映画では『十三人の刺客』《六三年》、テレビでは萩原健一主演『傷だらけの天使』《七四〜七五年》、『祭ばやしが聞こえる』《七七〜七八年》の監督）とやりたがっていた。

――松田優作が国際放映のスタジオで『太陽にほえろ！』を収録していたとき、隣のスタジ

オでは工藤栄一が『傷だらけの天使』の第五話「殺人者に怒りの雷光を」（七四年）を撮っていた。「セットの片隅で、ズーッと立ったまま見ている背の高いひょろっとした奴がいるんですよ。撮影の終わったところに来て『松田優作です』ってね」と、工藤監督は松田優作との初対面を語っています（『光と影　映画監督　工藤栄一』工藤栄一、ダーティ工藤著）。

丸山　それ以来、優作は工藤さんとずっとやりたくて、たまたま工藤さんが松竹で撮る予定だった大作が保留になって、急に体が空いたんです。だけどいつ再開されるかわからないから、スケジュール的にすぐに入らないとダメだということになった。

さっそく打ち合わせをしようと。優作と私と黒澤さんの三人が京王プラザホテルのオーロラルームで待っていると、京都から工藤監督がやってきた。映画の打ち合わせのはずなんですけど、この人、映画の話は一切しないんです。

「この業界はバカが多すぎるんだけどさ、そのバカたちと一緒にバカをやるのが楽しいんだよな。映画は楽しくなくちゃな」と、いかに自分たちがバカをやってきたかを絶妙の話術で話す。優作は床を転げ回って笑っていました。「監督、脚本はどうしましょう？」と僕が訊ねると、工藤さんは僕のことを最初から昇ちゃんと呼んで、「脚本は昇ちゃんが考えて。それを黒澤さんがＯＫなら、僕は何でも撮るよ。これはＢ級のお楽しみ映画なんだから、みんな斜に構えないで。昇ちゃんには、撮影中に困ったことがあったら電話するかもわからんけど、たぶん酔っ払って電話するんで、半分だけ答えて」と。「半分だけ答える」って何なんだ。

電話は何度もかかってきました。工藤さんは撮影のために東京・築地の定宿に寝泊まりしていて、そこから電話してくる。呂律が回っていなくて、「ウー、アー、ウー、アー……一曲歌うから聞いてくれ」。酔っ払いの戯れ言みたいなことを聞いてるうちに、ふっと明日撮るシーンの話になって、そのとき工藤さんが言った、優作のライブのシーンのニュアンスが僕の思惑と違ったんです。

脚本のニュアンスが監督の中に入ってないのかなと思って、工藤さんの冗談を受け流しながら、「監督がさっきおっしゃった優作が歌うシーンですけど、あそこ、歌わなくてもいいですよ。ステージの上で一曲歌い終わって、次の前奏が始まったときに、来ているお客さんの中でちょっと気になる人がいて、優作は歌詞を忘れる。それでバンドマスターやライブハウスのオーナーに『何やってんだよ』って目で見られて、『すいません』と謝りながら、優作の目が気になるお客さんに行くような、そういう感じで。それすら本人は遊んでるっていうようなニュアンスで撮ってみたらいかがでしょう」と僕が言うと、工藤さんは「うーん、昇ちゃん。それは考えすぎやで」(笑)。「そんなこと撮れんわ」って。「いや、撮る撮らないじゃなくて、なんかそういう感じのシーンにすればいいんじゃないですか」っていうふうに僕が言い直すと、工藤さんは「昇ちゃんは電話で話すと難しいこと言うなあ。そんなこと聞くために俺は電話したんじゃない。そもそも俺は何で電話をしたのか……」と言いながら、寝息が聞こえてきた。隣にいたプロデューサーの青木勝彦さんが、「いま、監督はおやすみになりました」。でも、翌日、工藤さんは僕が言ったニュアンスをちゃんと撮っていました。

そういう空気感に、優作もかなり乗っていて。たとえば僕が横浜の撮影現場を訪ねた日、工藤さんが交通渋滞でちょっと遅れて来られたんです。撮影の仙元誠三さん、照明の渡辺三雄さんとかが待っていて、「おはようございます」。工藤さんは「はい、おはよう」。スタッフ全員が、この日のトップシーンをどういうふうに撮るかという指示を待っていることに気付いて、工藤さんは、「みんな、何そんなに真剣で真面目な顔してんの？　まずコーヒーを飲もうよ」と。

みんなで熱いコーヒーを飲みながら雑談会が始まって、工藤さんが冗談ばっかり言って、最初、スタッフは監督の冗談を真に受けていいのかどうなのかがわからなかったけれど、だんだんスタッフの気持ちがほぐれて、みんな気を許して、大笑いしたんです。そんなとき、工藤さんはおもむろに、チョークで地面に絵コンテを描き始めた。

——アスファルトの上に？

丸山　「優作ちゃんがこっちに入ってきて、共演の誰々がこんな感じでこっちから歩いてきて」と。「いや、ちゃうわ。そうじゃない、そうじゃない。今、どこまで話した？」とか、そんなこと言ってるうちに、「なんか、そういう感じ」とか言ってね。そこで、スタッフが散って、「そういう感じ」のシーンを撮るんだなと理解して準備を始める。それで、優作さんに入ってもらって、共演の人に入ってもらって、それで出会い頭にどういう言葉を交わしてという芝居を工藤さんが付けて、「仙ちゃん、これ、どこから撮る？」。そんなふうに工藤さんは映画を現場で作っていきました。

──ところで、「ＢＪ」というのはどういう意味なんでしょう？

丸山　何の意味もない。最初の発想のころに、「優作さん、主人公の名前どうします？」「何だと思う？」と二人で思いあぐねて、どちらかが「『ロング・グッドバイ』って「ＢＪ」って感じがするよな」「ああ、それだ！」でキマリ（笑）。黒澤満さんが「何でＢＪなんだ？」と訊いたら、優作は小さく笑って「いや、感じスよ。そういう感じで」で押し切っちゃう。『ア・ホーマンス』の主人公の名前を決めるときも、僕が沈思黙考のあと、「風《ふう》ってどうですかね？」。優作が「ああ、たしかに風だな」で決定。優作の感性はなかなか他の映画の現場では理解されず、優作も周囲も疲れはてました。けれど、『ヨコハマＢＪブルース』は優作の「感じ」や「空気」や「ニュアンス」を共有できる僕や工藤さんや仙元さんら共犯者たちが作った、優作とヨコハマという都市に関するプライベートフィルムであり、楽しめるＢ級ピクチャーでしたね。

『ヨコハマBJブルース』は、松田優作が真剣勝負した『野獣死すべし』と『陽炎座』（八一年　鈴木清順監督）の合い間に肩の力を抜いて演じた、フィルモグラフィーの中の小春日和、間奏曲（インターミッション）のような映画だ。工藤栄一はこのあと、『野獣刑事』（八二年）、『逃がれの街』（八三年）という二本のハードボイルド映画の傑作を八〇年代に残す。しかし、『ヨコハマBJブルース』と同じ黒澤満企画、丸山昇一脚本でありながら、長渕剛原案・主演の『ウォータームーン』（八九年）では長渕のたび重なる注文にたまりかね、工藤は監督を降板する（その後、長渕自身が監督する）。『ヨコハマBJブルース』は、俳優と脚本家と演出家の高次なコミュニケーションの上に成り立った稀有な作品だったのだ。

第四章

『ダブルベッド』——大物歌手と女優が続々と脱ぐ「エロス大作」

『ダブルベッド』（1983年公開）製作発表（©日活）

畑中葉子で大ヒット

『ヨコハマBJブルース』のあと、岡田裕は、勝目梓原作のロマン・ポルノ『悪女軍団』(八一年　小沼勝監督)、立松和平原作のATG映画『遠雷』(八一年　根岸吉太郎監督)、ロマン・ポルノの定番「温泉もの」の『快楽温泉郷　女体風呂』(八一年　藤浦敦監督)、田中美佐子主演の東映女性映画『ダイアモンドは傷つかない』(八二年　藤田敏八監督)を立て続けにプロデュースする。ポルノとATG映画と女性映画がひしめき合う「ごちゃまぜ感」がいかにも八〇年代初頭で、この時期の日本映画の混沌と活力を象徴している。

だが、八〇年代前半からは家庭用ビデオ機器が普及し、「アダルトビデオ」の市場が拡大するにつれ、ロマン・ポルノやピンク映画の入場者数は減少の一途をたどる。凋落するロマン・ポルノの起死回生の企画が「エロス大作」だった。このエロス大作路線がいかに始まったか、プロデューサーの山田耕大に聞いた。

――「エロス大作」というフレーズは、七七年十月公開の『肉体の悪魔』(レイモン・ラディゲ原作　西村昭五郎監督)の宣伝で初めて使われていますね。

山田　それより、七八年三月公開の『危険な関係』(ピエルル・コデルロス・ド・ラクロ原作

藤田敏八監督　併映作は『教師女鹿』曽根中生監督）が走りじゃないかな。『危険な関係』がヒットしたことから、この年のゴールデンウィークから、大物女優を脱がせ、九十分の映画（通常は七十分前後）の二本立てを「エロス大作」と呼び始めるんですね。四月の『桃尻娘　ピンク・ヒップ・ガール』と『金曜日の寝室』（小沼勝監督）もエロス大作として売り出されてヒット。七月の『人妻集団暴行致死事件』（田中登監督）と『エロチックな関係』（長谷部安春監督）もエロス大作と銘打ち、封切ったんです。

──『人妻集団暴行致死事件』は、作家の長部日出雄のルポルタージュにもとづいた、室田日出男と黒沢のり子が不器用な夫婦を崇高に演じる田中登の傑作。一方、『エロチックな関係』はレイモン・マルローの『春の自殺者』を原作に、探偵を内田裕也が、その助手を加山麗子が演じる洒脱なミステリーでした。

山田　あれはでも、全然客が来なかった。タイトルがいかにも地味で、ポスターがエロっぽくなかったからでしょう。この二本立てのポスターを見て、「ああ、また給料入らないなあ」と。

有名女優のロマン・ポルノ出演で大ヒットしたのは、畑中葉子初主演作『愛の白昼夢』（八〇年　小原宏裕監督）からです。それに続いて、企画部が解散させられ、僕が企画者としてではなく、アシスタントプロデューサーとして企画を担当した『後から前から』（八〇

年　小原宏裕監督）もこれまた当たった。畑中葉子の新曲と映画を連動させようとビクターレコードが目論み、この秀逸なタイトルをビクターの人が考えた。それまで、水原ゆう紀主演の『天使のはらわた　赤い教室』（七九年　曾根中生監督）が歴代ナンバーワンの配給収入だったのを、『後から前から』が追い抜いたんですね。

八一年の春、上司の佐々木志郎さんが久世光彦さんに「エロス大作」の総合プロデューサーをやってもらおうと思い立って、ある日、僕を連れて「カノックス」（久世光彦がTBSから独立して設立したテレビ制作会社）を訪ねたんです。久世さんはやる気になって下さり、たちどころに自分が考えた計六本の企画を滔々と語って聞かせた。電話がかかってきて、三十分席を立った間に企画をもう一本考えてきた。

久世さんは企画書を書く天才で、発想の豊かさに驚きました。いまでも覚えているのは、「勝新にSMを撮らせよう」という企画と、金子光晴と愛人の『ラブレター』（江森陽弘著）の二本。総合プロデューサーの計画は、八一年に久世さんがポーカー賭博疑惑で逮捕されたことで、にっかつの上層部が潰すんですよ。そのあと、テレビの仕事で久世さんと再会したとき、「にっかつがあれしきのことで。あきれたよ」と繰り言を言われました。

その久世さんから提案された企画を映画化したのが、ロマン・ポルノ十周年記念映画、関根恵子（現・高橋惠子）主演の『ラブレター』（八一年　東陽一監督）です。関根恵子がP

ＡＲＣＯ劇場公演『ドラキュラ』（七九年）の公演中に演技に対して恐怖を感じて海外に逃亡したスキャンダルがあった後でした。

──関根さんは金子光晴の『マレー蘭印紀行』を愛読し、「私が人知れず海外に行ってしまったのも、その世界観に憧れていたから」と語っています（『東スポＷｅｂ』一三年一月二十一日付記事）。金子光晴（映画では中村嘉葎雄が演ずる）の愛人役をオファーされたことは運命的だったと。

山田　文芸映画の匂いに惹かれた女性客も入って、『モア・セクシー　獣のようにもう一度』（八一年　加藤彰監督）との組み合わせのお盆興行はロマン・ポルノで最高の六億円の配給収入を挙げるんです。

八二年のゴールデンウィーク興行の五月みどり主演『マダム・スキャンダル　10秒死なせて』（西村昭五郎監督）、お盆興行の高田美和主演の『軽井沢夫人』（小沼勝監督）と大信田礼子主演の『ジェラシー・ゲーム』（東陽一監督）がともに四億円近い配給収入を挙げて以降、主演女優に黛ジュン、大谷直子、高瀬春奈、奈美悦子、春やすこ、松本ちえこ、五十嵐夕紀、伊藤咲子などを迎えましたが、八四年の正月興行として公開した早乙女愛主演の『女猫』（山城新伍監督）のヒットのあと、徐々に頭打ちになっていくんですね。八六年の正月興行として天地真理主演の『魔性の香り』（池田敏春監督）の公開後、エロス大作は中断するんです。

藤田敏八の孤独

岡田　この中でＮＣＰが請け負ったのが、『モア・セクシー　獣のようにもう一度』、『セクシー・ぷりん　癖になりそう』（ともに八一年　加藤彰監督）、『マダム・スキャンダル　10秒死なせて』、大谷直子主演の『ダブルベッド』（八三年　藤田敏八監督）、『女猫』かな。

――そもそも、岡田さんが助監督についた当時の成人映画、中平康監督の『猟人日記』『砂の上の植物群』（ともに六四年）、『おんなの渦と淵と流れ』が「エロス大作」の先駆けのようなものですね。

岡田　仲谷昇が主人公を演じ、女優たちと絡む文芸映画三部作、あれが元祖かも知れない。『砂の上の植物群』で、仲谷昇が稲野和子の乳房を揉むと乳液が迸るシーンがあるんですよ。妊娠しているのではなくそういう体質の女性なんですが、そのシーンを映倫にズタズタに切られて、もうこれでいいだろうと安心していたら、稲野和子の喘ぎ声が真に迫りすぎると、カットを命じられたんです。

――稲野さんは文学座の看板女優。彼女が主演の『おんなの渦と淵と流れ』は成沢昌茂脚本による女性への懐疑と怖れを見事に描いた傑作ですね。

岡田　中平さんの文芸映画は素晴らしかったね。フランスのヌーベルバーグの作家たちは藏原（惟繕）さんが助監督についた中平さんの『狂った果実』（五六年）を絶賛しましたが、日本の批評家は今村昌平さんを高く評価しながら、中平さんやクラさんの映画を歯牙にもかけなかった。

――『ダブルベッド』は藤田敏八作品。岡田さんは『八月はエロスの匂い』（七二年）から『波光きらめく果て』（八六年）に至るまで、九本もの藤田作品をプロデュースしていますね。

岡田　藤田さんの通称は「パキさん」。この渾名は、藤田さんの容貌が（当時の）パキスタンの皇太子に似ていたことから西河克己監督が付けたんです。僕にとってパキさんは藏原組の先輩助監督。パキさんはクラさんの『憎いあンちくしょう』（六二年）の主題歌（石原裕次郎）を作詞し、『愛の渇き』（六七年）の脚本も書いた。二人は一卵性双生児のような関係でしたね。

「藏原さんが撮影中なのに、女性と飲んで多摩川沿いの旅館に泊まり、朝起きると、撮影開始の時間がとっくに過ぎていた。藏原さんが慌てて横浜のロケ現場に駆けつけると、パキさんがクレーンに乗って、順調に撮影が進んでいて、クレーンの上からパキさんが『クラさん、撮っといたよ』。『あの恩は一生忘れない』とクラさんが言っていました（笑）」と荒井晴彦は語る。

岡田　二人の関係、それに当時の日活の雰囲気を象徴するエピソードだね。僕はパキさんのデビュー作『非行少年　陽の出の叫び』（六七年）から『八月の濡れた砂』（七一年）まで助監督でついたんです。『陽の出の叫び』では予告編を担当したんですが、僕は大失敗をしでかしましてね。予告編のタイトルの中の監督名を間違え、当時のパキさんの本名、「藤田繁夫」を「繁矢」と間違って書いて撮影してしまった。恐縮して平身低頭で謝ると、パキさんは少しも慌てず、「うん。繁矢もいいなァ」とあっさり改名してしまった。

その後、パキさんは敏八になるまで変幻自在に名前を変えるんです。それに、パキさんは四回結婚したんだけれど、女性と別れるときにものすごく冷酷になり、蒲団ごと追い出すんです。家庭というものが嫌いで、僕の家に来て、何日も泊まっていった。一方で、ものすごい寂しがり屋でもある。それらがパキさんの生い立ちの何に起因しているかはわかりません。パキさんはふだんはシャイな人で、生な言葉で作品や映画を語ることなど滅多になく、打ち合わせでも現場でも、「まあ、あれだ。ここんとこはつまり……と言うか……のニュアンスで行きたいわけだ」と肝心な部分が音声不明瞭で、ほとんどの人が聴きとれない。そこで僕らが「通訳」して、パキさんの意図をスタッフに伝えなくちゃなんない。

　そんなパキさんと何でこんなにたくさん仕事をしてきたかといえば、本質的に僕はパキさんの作品が好きなんだと思う。日常性の中からユーモラスなものをピックアップすることの上手さとか、べたべたせず乾いた表現形式だとか、藤田映画を特徴づけるさまざまな言い方があるけれど、僕が藤田映画で一番面白いのは、登場人物たちの凜とした雄々しさなんですよ。日常の社会生活から少し外れてはいるが剽軽で少し物悲しくて、それでいて生き方の最終決定をするときに凜として健気である人物が必ず出てくる。

コッポラと大谷直子

『ダブルベッド』の大谷直子について企画者、山田耕大はこう証言する。

山田　直子さんは最初、同時上映の『武蔵野心中』（柴田敏行監督）に主演する予定だったんです。ところが飲み屋でパキさんと会って、「お前、こっちへ来いよ」って。それで『ダブルベッド』のほうに出て、『武蔵野心中』は高瀬春奈さんになったみたい。

　それからまもなく、直子さん、岡田さん、荒井さんと乃木坂の裏のワインバーで飲んでいたとき、ＶＩＰルームから髭面の欧米人が出てきた。直子さんが彼に気付いて、「ヘイ、フランシス！」。フランシス・フォード・コッポラなんですよ。

コッポラも「オー、ナオコ！」と声を上げ、二人はひしと抱き合った。彼はそのとき、直子さんのために誂《あつら》えた和服の生地を持ち歩いていて、直子さんに連絡をとる前にその店で偶然出くわしてしまったので、さっそくその生地を取り出して、直子さんの体にあてがったんです。あとで直子さんに「何でコッポラを知ってるの？」と訊くと、前に来日したとき、何かのきっかけで一緒に飲むことになって、新宿区役所通り裏にあった「小茶」に連れて行ったら、コッポラがものすごく喜んだ。それ以来の付き合いだと言うんです。直子さんは楽しくて、破天荒な人でしたね。

『ダブルベッド』の原作者は中山千夏。男女のモノローグにベッドシーンが挟まる三十ページ足らずの短編だ。映画は荒井晴彦のオリジナル脚本といっていいだろう。主人公は三十代半ば、全共闘世代の大谷直子。大谷は夫の岸部一徳と一人息子と暮らしているが、夫の同級生の柄本明に再会し、彼と関係を結ぶ。柄本には奔放な石田えりという彼女がいて、石田には晩稲《おくて》の高橋ひとみという妹がいて、人間関係は四角、五角関係に広がっていく……。

荒井晴彦はこう語る。

荒井　岡田さんが「中山千夏が書いたポルノ小説」なら話題になるだろうと「話の特集」に載った原作を取ってきたんです。けれど話が何もなく、一から作んなきゃならなかった。この仕事は苦労しました。パキさんが好きなワイルドターキー（バーボン）を持って中野の福屋ホテルに入って、パキさん、山田耕大、成田尚哉、僕が頭を捻っていると岡田さんがやってきて、「森田（芳光）は凄いぞ。森田は凄いぞ」ばかりを繰り返し、僕らが打ち合わせしてると、グーグー寝てるんですよ。

クランク・インまでとにかく時間がなかったので、僕が大谷直子、岸部一徳、柄本明の全共闘世代の三人を、山田耕大に石田えりと高橋ひとみの姉妹を書いてもらった。友人の葬式でかつての全共闘世代の仲間が集まるところから始まるのは、『セコーカス・セブン』（八〇年　ジョン・セイルズ監督）や『再会の時』（八三年　ローレンス・カスダン監督）を参考にしました。

大谷直子さんの役は、僕の大学映研の同期の奥さんだった人をヒントに書いたんです。その女性は自分の夫の友達と家で飲んでいて、意気投合するとサンダル履きでホテルに行くような、奔放な人だった。亭主が寝ちゃってからですよ。石田えりの役も山田が当時付き合っていた作家の女性がモデルで、彼女には高橋ひとみのような堅物《かたぶつ》の妹がいました。

――荒井さんはいつも、セリフで書けない登場人物の感情を歌に託しますが、この映画でも下田逸郎の『ラブホテル』の「軽く落ちてく感じが　なぜか微笑み誘った」という歌詞が大谷直子の気分と響き合っていますね。

荒井　『ラブホテル』を使いたいから、柄本明を作詞家にしたんです。僕が作詞家になりたかったこともあるけど。最初、「話の特集」のパーティで会った下田逸郎に「作詞家の役をやらないか」と頼んだんです。

――大谷直子の役が不倫をしようが、家を出ようが、息子のことを一顧だにしないことに驚きました。

荒井　パキさんがそういう人だった。子供に関心がないんだよ。

山田　『ダブルベッド』を観て、「ほんとうの女には悲劇がない」という川端康成の小説『浅草紅団』の一節を思い出しました。主人公の春子は悲劇的な境遇にありながら、透明で、たくましさがあり、上品なんです。

――『ダブルベッド』の大谷直子も不倫をしようが、家を出ようが、すべて自分で責任をとり、毅然と生きていきますね。

岡田　岸部一徳と柄本明にも凜々しさと爽やかさがあったね。『ダブルベッド』の後半、大谷直子を寝とられた岸部一徳が柄本と対決する場面で、岸部は「バカ野郎！」と柄本にウイスキーの水割りをぶっかける。柄本は黙ってチーズを食べている。パキさんや荒井晴彦は悲劇や修羅場になってもおかしくない場面でも、そう描かない。

荒井　この映画は当たって、パキさんと樋口可南子主演で『ダブルベッド2』をエロス大作でやることになって、森内俊雄の短編『朝までに』を脚色したんです。

──『朝までに』は、妻と子供二人がいる中年男が、十年前に付き合っていた会社の部下の女性のかつてのアパートの合い鍵を見つけ、その鍵で違う女性が住んでいるその部屋に忍びこみ、かつての女性の幻を見る話ですね。

荒井　男が全共闘運動のあと無農薬野菜を売ってるとか、『ダブルベッド』の別バージョン的な話として書いたんです。パキさんはやる気満々だったんですが、樋口さんがＮＨＫに出ることが決まって、企画が流れた。樋口さんは脚本を書いている福屋ホテルまでやってきて、すごく乗り気だったんですけど。

パキさんは僕が脚本を書いて沢田（研二）が主演した『リボルバー』（八八年）のあと、久しぶりに林真理子原作の『不機嫌な果実』（九七年　成瀬活雄監督で映画化）を撮ることが決まって、健康診断のために病院に行って肺がんが発見されるんですね。僕の監督第一作、『身も心も』（九七年）のＶＨＳをパキさんの病室に持っていったら、「荒井、現場はどうだった？」。「うまく行きました」。「現場でうまく行くと、シャシン（映画）は面白くないんだぞ」と（笑）。亡くなったあと奥さんに訊くと、うつらうつらしながらビデオを止めては観、止めては観ていたと。

『実録不良少女　姦』（七七年）から『帰らざる日々』（七八年）まで藤田敏八の助監督を務めた根岸吉太郎は藤田作品の特徴をこう語る。

根岸　藤田敏八という監督は、「その時代が何なのか」をつかむことにすごく敏感で、鋭い人だったと思うのね。『実録不良少女　姦』で内田裕也を役者として使ったとき、裕也さんからクリエーションを紹介してもらって、次回作の『危険な関係』（七八年）でデューク・ジョーダンのジャズ、『危険な関係のブルース』をハード・ロックバンドのクリエーションに演奏させた。こんなふうに藤田さんは時代の先端の空気を映画に入れるのが上手かった。だから同時代の若者たちが気になり、認める監督だったと思うんです。その分、時代が変わっちゃうと、ちょっと古いファッションみたいに色褪せた。

岡田　映画はそれでいいと思うけどね。その時代の人たちに愛されれば、あとで色褪せても。パキさんがやりたかった『美しい星』（三島由紀夫原作。自分たちは他の天体から飛来した宇宙人だと思う家族を描いた物語）や『マイナス・ゼロ』（広瀬正原作。戦時中と十八年後を舞台にしたタイムトラベル小説）を撮らせてあげたかったね。

八〇年代前半、ロマン・ポルノは「エロス大作」で売り上げを伸ばした。しかし、八五年施行の改正風俗営業等取締法により致命的な打撃を受ける。題名において「女高生」「女教師」などの使用が禁止され、全国の成人映画上映館から一斉に規制対象のポスターやスチールを撤去せざるを得なくなったのだ。ポルノ映画の観客の大半は、いわば「衝動買い」の客であり、このときを境に客足は激減し、にっかつはよりハードな表現を前面に出した新シリーズ「ロマンX」に舵を切るが、八八年六月、ロマン・ポルノはついに十七年の歴史に幕を下ろす。

同時に、八七年、神戸市で日本人女性初のエイズ患者が死亡したことから、HIVが同性間のみならず異性間の性交渉でも感染することが知れわたったことで、空前の「エイズパニック」が巻き起こり、八〇年代に隆盛した性風俗産業や自由な性交渉が退潮した。八八年九月以降の昭和天皇の体調不良と八九年一月の崩御による自粛がさらにそれに拍車をかけた。

第五章

『遠雷』『家族ゲーム』『お葬式』——新世代の表現者たち

『お葬式』(1984年公開)の成功を祝う伊丹十三監督(右)、主演の宮本信子夫人(中)、岡田裕プロデューサー(写真　岡田裕氏提供)

『遠雷』（八一年）でＡＴＧとの初提携

七七年四〜五月、東京・本駒込の三百人劇場で「ＡＴＧ映画の全貌」という回顧展が開催された。大手映画会社が製作しない、野心的なテーマや実験的な手法のＡＴＧ映画が（現在、諸事情があり上映できない『キャロル』《七四年　龍村仁監督》も含めて）全四十本上映され、ロビーでは粟津潔、横尾忠則らが描いた映画のポスターが販売された。この特集が好評で、七八年にもＡＴＧ映画を撮った二十人の監督を特集した「飛翔する監督たちの全貌」が開かれる。七九年に入り、佐々木史朗が新社長に就任し、『もう頬づえはつかない』（東陽一監督）、『Ｋｅｉｋｏ』（クロード・ガニオン監督）という二本のいわゆる女性映画がヒットしたことを弾みに、ＡＴＧは、従来の前衛的・政治的作品とはことなる、若手作家によるエンタテインメント性の強いラインナップを発表する。

佐々木史朗が社長を務めた七九〜八六年、ＡＴＧは、『海潮音』（八〇年　橋浦方人監督）、『ヒポクラテスたち』（八〇年　大森一樹監督）、『ガキ帝国』（八一年　井筒和幸監督）、『遠雷』（八一年　根岸吉太郎監督）、『九月の冗談クラブバンド』（八二年　長崎俊一監督）、『ＴＡＴＴＯＯ〈刺青〉あり』（八二年　高橋伴明監督）、『家族ゲーム』（八三年　森田芳光監督）、『人魚伝説』（八四年　池田敏春監督）などで若手監督に新境地を開かせた。岡田裕は

ＡＴＧ、ＮＣＰ、にっかつ撮影所の提携で、『遠雷』『家族ゲーム』を、ＮＣＰと伊丹プロの提携で『お葬式』（八四年　伊丹十三監督）を製作する。

岡田　佐々木史朗さんは早稲田大学の一年後輩でしてね。彼も学生演劇をやっていて、劇団「こだま」にいた。七九年にＡＴＧの社長に就任したとき、何か一緒にやろうよと話をしたんです。八一年に僕らがＮＣＰを作り、八二年に長谷川和彦が九人の監督（長谷川、相米慎二、根岸吉太郎、池田敏春、高橋伴明、井筒和幸、大森一樹、石井聰亙《現・岳龍》、黒沢清）で「ディレクターズ・カンパニー」を立ち上げ、八四年に荒井晴彦、高田純、佐伯俊道、山田耕大、一色伸幸ら脚本家、企画者が集まって「メリエス」ができたとき、時代が大きく動き出す予感がしましたね。

『ＮＣＰ』がプロデューサーの会社。『ディレカン』が監督の会社。『メリエス』がライターズカンパニー。この三社で〝撮影所〟ができた。連携して新たに撮影所を作ろうよ、と思ったんです」と荒井晴彦は当時を思い返す。

岡田　七〇年代までの「撮影所の時代」は映画がベルトコンベア式に作られていたけれど、

これからは一本一本の企画の中身が勝負だ、僕らが作りたい映画を作れる時代がきた、とけっこう意気込んでいましたね。佐々木史朗さんは日活ロマン・ポルノの助監督にATG作品を撮らせたいと、根岸吉太郎に白羽の矢を立てたんです。

根岸が入社したとき、僕がたまたま面接官でした。藤田組では僕がプロデューサーで、彼が助監督。彼は細かい仕事はあまりやらず、つねに現場の全体を見渡している助監督で、茫洋としながら大局を見ている大人《たいじん》の風格がありました。

根岸　岡田さんがプロデューサーだった『オリオンの殺意より　情事の方程式』（七八年）でデビューした前後かな、佐々木史朗さんから話があったんです。史朗さんに言われたとき、僕の中にはまだこれといったものはなかった。ATGのラインアップを聞くうち、ある瞬間から、立松和平の原作で行きたいと思い始めたんです。立松さんには同時代人として共感し、同じ関東人としての親近感を覚えた。『途方にくれて』（七八年）もよかったんだけど、最終的に『ブリキの北回帰線』（七八年）というのを脚本家の荒井晴彦とやりたいなと言って。

――『ブリキの北回帰線』は全共闘世代の男女三人の物語。主人公の悦夫は六九年の国際反戦デーのあと、同棲していた夏子に去られ、アルバイト先の病院の事務員の里絵と結婚し

て、彼女は身籠もる。子供が生まれる前に悦夫はインドを旅して、バンコクで別の男との結婚を決意した夏子と抱き合い、里絵と新生児が待つ日本に帰る。全共闘世代が家庭を作る前のモラトリアムの物語ですね。

根岸　そう言うと聞こえがいいんだけど、主人公がインドで抱いた売春婦に淋病をうつされて帰ってくるロクでもない話。岡田さんがプロデューサーをやるというので、『復活の日』でカナダに行っていた岡田さんに『ブリキの北回帰線』の単行本を送ったんです。潜水艦がどうのこうのって時期に、インドでしみったれた放浪をする小説を読んで、岡田さんは「全然ピンと来ないよ」と。

でも、岡田さんはすぐに、インドロケができるかどうかを調べてくれた。当時、インドは海外の人間が撮影することに関してうるさくて、かならず政府関係者がついてきて、『ブリキの北回帰線』に出てくるインドの売春宿とかネガティブな部分の撮影は許可を取るのが大変だとわかった。それで、岡田さんは「これはちょっと考えたほうがいいよ」って。

そうこうしているうちに、「文藝」（七九年九月号、河出書房新社）に「村雨」っていう『遠雷』の前半部分が載ったんです。一読して、これだなと思って、後半（「遠雷」）が出るのを待っていたんですよ。幸いなことに「文藝」編集長の金田太郎さんが僕の映画も観ていて、立松さんに会わせてくれた。

立松さんは気持ちがいい男だったなあ。信念というかね、栃木という自分の居場所だとか、自然とか、いろいろなものに対してしっかりとした見方をしている人なんだけど、人に対してとにかく温かいんだよね。ただ、僕が会ったころには、もう何人かの監督からすでに映画化の申し込みがあった。

藤田（敏八）さんもやりたくて、「根岸は『ブリキの北回帰線』をやって、俺が『遠雷』をやればいいだろう」なんて調子のいいことを言ってて。立松さんに会ったとき、正直に、「じつは藤田さんなんかもやりたいって言ってるんですけど」って言ったら、立松さんは「藤田さんって中上（健次）をやった人でしょ？」。「ええ。中上さんの短編（『隆男と美津子』）をもとに『十八歳、海へ』（七九年）を撮ってますけど」と僕が答えると、冷淡に、「僕、いいです。中上をやっている人は」。立松さんは、一つ年上で『岬』（七六年）で芥川賞をとった中上に対抗意識があったんだ。そのあと、佐々木史朗が長谷川和彦に会ったとき、長谷川さんが「史朗さん、『遠雷』をやりたいんだ」。でもそのころにはもう荒井晴彦の脚本の一稿目ができてたから、佐々木史朗が「もう遅いよ」って、鞄の中からそのシナリオを出して見せ、長谷川さんが落ちこんだ。

――根岸さんは『遠雷』の何に一番惹きつけられたんでしょう？

根岸　主人公の状況かな。トマトをハウスで栽培していて、隣にデカい団地が建つ。都市化の波っていうのか、日本中にそういう狭間があってさ。そこで人が出会うということの面白さというのかな。それに、自分はにっかつという場所にいて映画を撮っててさ。入社して四年ぐらいの間にいくつかステージが潰れて、横に四階建ての団地が建って見下ろされた。これって北関東のトマト農家と一緒じゃんと。ハウスをやってて、隣に団地ができちゃって、トマトが病気になってさ。でもまだ作り続けていく、その土地で生きていくんだという意志みたいなものは、一つの生き方を示しているなと思ったんですよね。

それに主人公の満夫（映画では永島敏行が演ずる）に共感しましたね。

「映画的なもの」への違和感

荒井晴彦はこう付け加える。

荒井　七〇年代なら、破滅していく広次（ジョニー大倉）が主人公で、彼にシンパシーを持って、彼の心情を歌いあげたと思う。サクさん（深作欣二）もやりたがっていたみたいだけど、サクさんなら広次を主役にしたでしょうね。だけど、僕は『遠雷』を、全共闘運動に敗れて、郷里に帰って農業をやるという立松和平の「転向小説」として読んだんです。広次にならず、家業を継ぎ、挫けそうになりながらもしたたかに、子供や家庭を作っていく満夫の生き方を肯定したかった。三面記事に載らない人間のズルさを描きたかった。三面記事の事件を読む側の話をやりたかった。そっちの方が等身大の俺たちだと。

映画を八一年の「湯布院映画祭」に持っていったとき、評論家の渡辺武信さんに「若い君たちがなんで家庭を肯定する保守的な映画を撮るんだ」と批判された。そのとき僕は、「かぐや姫の『神田川』には『何も怖くなかった』という歌詞があるけれど、僕らには『結婚』が怖かったんです。結婚や家庭を持つことを『冒険』に近い感じで思っているんです」と答えたんです。そのときまだ結婚に踏みきれないでいたんですよ。

——永島敏行、石田えりもいいですが、ジョニー大倉が格別にいいですね。

根岸　内田裕也さんに誘われ、日比谷野外音楽堂のロックフェスティバルに行ったんですよ。野音のライブだからさ、けっこうミュージシャンたちがバックステージから出てきて、自分の出番じゃないときには客席の前にいたりして。ジョニーも客席で人と話したり、笑ったりしていた。そんなジョニーを見て、「いい顔してるなあ」って思ってね。それで、「ジョニー大倉にしたいんだ」ってスタッフに言うと、キャメラマンの安藤（庄平）さんが「あいつは東映でやくざを演ってる。農業青年はムリだ」。「いや、大丈夫だよ」と僕が太鼓判を押して出てもらった。長セリフがある役だから、ジョニーは毎日、風呂へ入るときもずっとセリフを呟いていたと聞きました。

映画のラスト近く、夜のトマト畑で、ジョニー大倉が永島敏行に向かって延々と七分くらい、自分がどうやって惚れた女（横山リエ）を殺したかをしゃべるシーンがあるじゃないですか。ああいう場面ってさ、普通の映画だったら、ジョニーの長いしゃべりだけじゃなく、ジョニーの回想シーンを入れて見せる。そっちのほうが客に親切だよね。でも、僕は入れなかった。永島敏行が見ていることだけで映画を貫きたいと思ったから。それによって映画はちょっとどんくさくなっているけど、それが正しいなと思ってそうしたんですよね。

荒井　『遠雷』を日中シナリオシンポジウムで中国に持っていったとき、そのシーンを中国の映画人から「人がしゃべっているだけで、回想シーンも入らず、何の工夫もない」と非難されました。

——ジョニー大倉が横山リエの首を絞めているシーンを入れろと。

荒井　なぜそれがないのかと。

——「叫んだりわめいたりしない青春を描きたい」と、デビュー作の記者会見で根岸さんは言っていますね。破滅するドラマとか、劇的なドラマというものに抵抗感があったんでしょうか？

根岸　抵抗感というより、自分の趣味とは違うな、という感じですかね。もともと僕は卒論が小津安二郎で、日常の些細なことばかりを描く松竹映画を観て育っちゃっているから。それに、実人生でも、いろいろなことでそんなに叫んだわけじゃないしさ。映画をちょっと別な視点から考えたいな、って思ったんじゃないですかね。

――当時、多くの映画評論家は、相米慎二さんや池田敏春さんの映画を「映画的」と称賛し、荒井さんと根岸さんの映画を「映画的じゃない」と評価しませんでした。そのことについてどう思われましたか？

根岸　カットのつなぎ方とか、映画にしかない気持ち良さってあるじゃないですか。そういう映画にしかない気持ち良さというのを「映画的」と言うんだとしたら、池田（敏春）にしても相米（慎二）にしても、映画をよく知っているなあと。僕はその「映画的」から零れ落ちるもの、いままでの映画が取り上げなかったテーマとか感情をすくいあげたかったんですよ。

――結婚して子供ができて親になる、行動をしない傍観者が主人公の物語は、それまでの映画では描かれませんでした。それに、八〇年代特有の明るい虚無感、浮遊感がとらえられた『遠雷』は八〇年代を画す映画だと思います。

荒井　「湯布院映画祭」で渡辺さんが言ったことや、中国の映画人が言ったこと、蓮實重彦が書いていることとは違う、俺たちの「映画的」なことを探し求めたんです。それが回想シーンじゃなくて、話しているジョニーだった。「回想シーンとか見えないよな」と根岸に話した。「俺とお前が話していて、見えるのはお互いの顔だよな」と。

日常が劇的になる瞬間

——『遠雷』は、さっき根岸さんが言った、「時代の空気を映画に入れていく」藤田敏八さんの作風に通じるところがありますね。

根岸　非常にどこかやっぱり藤田的なものを引き継いでいると思うね。パキさん（藤田敏八）の中でも秋吉（久美子）の三部作がありますよね。僕はとくに『妹』というのがすごく好きで。日常的なんだけど、その日常に何かが加わったことによって劇的になってくる映画なんだよね。

——『遠雷』を観て、農業を志す人が増えたんじゃないですか？

岡田　いや。農協に全面協力を取り付けに行ったら断られた。脚本読んで、とても前向きとは思えないって（笑）。でも、ラストは明るいでしょうって言ったら、そう思えないって。農協に嫌われたのは、根岸がトマト畑でセックスシーンを撮りすぎたからだよ。

根岸　たしかにこれはポルノじゃないかという人もいたね。自分はにっかつで『暴行儀式』（八〇年　荒井晴彦脚本）を撮ったとき、会社の合評で「おまえ、ＡＴＧじゃないんだから」と言われましたね。

荒井　「お前らの映画は客を勃たせるんじゃない、席を立たせる」って（笑）。

根岸　そんなことがあって、だったらＡＴＧでロマン・ポルノみたいのを撮りたいなと思っていた。ちょっとその傾向が強すぎたかも知れませんね。

『遠雷』は興行的には振るわなかったが、作品の評価は高く、「キネマ旬報」ベスト・テンで二位。報知映画賞、山路ふみ子映画賞などを受賞し、ニューヨークの名画座でも公開された。

岡田と根岸と荒井は『遠雷』のあと、ロマン・ポルノの世界に戻り、『キャバレー日記』（八二年）を手がける。キャバレーのボーイの伊藤克信は、介抱したときにされた一回のキスでたちまちホステスの竹井みどりに惚れ、最後に念願叶って竹井を抱くが、竹井は眠りこける伊藤を置き去りにし、街を出ていく。そこに白季千加子の『おてんとさま嫌い』が流れる。このラストの明るい虚無感は比類がない。『ウホッホ探険隊』（八六年）、『永遠の１／２』（八七年）など八〇年代の根岸映画の登場人物はとらえどころがなく、先行きの期待を持たず、絶望もせず、つねに成り行きまかせにただよう。主人公を全肯定も断罪もしない冷めた根岸の映画は、八〇年代の空気と通底していた。

幻の桑田佳祐版『家族ゲーム』

──八一年、『遠雷』で作品的な成功を収めたＡＴＧは、にっかつ撮影所との第二弾の提携作品として『家族ゲーム』を作ります。

岡田 『家族ゲーム』を企画したのはにっかつ企画部の佐々木志郎と山田耕大なんですよ。

山田耕大はこう証言する。

山田 原作を探しに本屋巡りをしていたとき、たまたま「すばる文学賞」を受賞した本間洋平の『家族ゲーム』が目に留まり、読んだらすごく面白かったんです。そこで上司の佐々木志郎さんに提案し、ＡＴＧとのプロジェクトは根岸吉太郎さんから始まりましたから、根岸さんに続くにっかつの若手監督の名前を挙げていくと、佐々木さんは「あれ、どうだ。落語の映画を撮った……ほら、あいつ」と言い出したんです。落語の映画とは『の・ようなもの』（八一年）。あいつとは森田芳光です。「ウチ（にっかつ所属）の監督じゃなくていいんですか？」と訊くと「かまやしねえよ」。

佐々木志郎は二〇二二年に逝去したが、生前、『日活　1971-1988』のインタビューで森田との出会いをこう語っている。

〈かつて日活にいた人が経営している映画館（引用者註——飯田橋ギンレイホール）で森田がバイトをしていたんだけれど、その人が森田を連れてきて、『の・ようなもの』を日活で配給できないかという話があってさ、僕は「こいつ面白い」と思ったんだけど、会社が反対して日活じゃ配給できなかった。でもこいつ才能あるなと思ったので、僕が森田にロマン・ポルノを何本かやらせた〉

山田　『家族ゲーム』を森田芳光で、とひらめいたのは佐々木さんの慧眼です。さっそく原作本を森田さんに送り、渋谷の「タンポポ」という喫茶店で感想を聞くと、ホットコーヒーを冷たい麦茶のように一気に飲み干し、「ラストシーンはもう決まりました。家族が団地のそれぞれの部屋で昼寝しているところに、ヘリコプターのプロペラ音がバタバタバタと聞こえてくる。それがまるで戦争が始めるみたいな不吉な音に変わる。なのに家族全員は気持ちよさそうに眠りこけているんだ」。

——あの不穏なラストを最初に思いついたんですね。あれは原作にありませんね。

山田 ない。家族が横一列に並ぶ食卓のシーンとともに森田さんのオリジナルです。企画書を書いてATGに持っていくんですが、社長の佐々木史朗さんは森田さんには撮らせたかったものの、ホームドラマである原作には乗らなかった。森田芳光が撮るのはこの原作じゃないと。

森田さんと一緒に日参するんですが、テレビ朝日でドラマ化(池広一夫監督 鹿賀丈史主演。映画のクランクイン前に放映された)が決まっていたこともあり、なかなかうんと言ってくれなかったんです。ATGだけじゃなく、他の会社の人からも、「あんなホームドラマ、映画でやってもしょうがないだろう」と冷ややかに言われました。僕はひねくれ者だから、「みんなが反対してるんなら、絶対実現させてやろう」と。そのころ、『普通の人々』(八〇年 ロバート・レッドフォード監督)という、平穏な生活を送っていた四人家族が長男の事故死、次男の自殺未遂によって揺り動かされる映画を観て、「こういうどこにでもある家族の話でも映画になる」「映画は大げさな物語じゃなく、さりげない話でもいいんじゃないのか」と思ったんですね。

ATGから待たされている間、森田さんが「こんなことやってちゃ、俺、食えないよ」と嘆くから、「ロマン・ポルノやる?」「うん。やるやる」。それで『㊍噂のストリッパー』(八二年)、『ピンクカット 太く愛して深く愛して』(八二年)と二本撮ってもらいました。あるとき、地下鉄の駅でばったり森田さんに会うと、片手に『㊍噂のストリッパー』の台本を、片手に『家族ゲーム』の台本を持っていました。

森田さんは『家族ゲーム』の家庭教師役を最初、サザンオールスターズの桑田佳祐さんで考えていた。そこで、僕がアミューズにオファーすると、大里洋吉社長が僕と森田さんを六本木のイタリアンレストランに招いてくれました。『家族ゲーム』の脚本をものすごく気に入ったようで、「桑田にこれを読ませたら絶対にやると言うでしょうし、やるとなったら音楽そっちのけで映画に没頭すると思います。けれど、アミューズは七七年にできたばかりの会社で、桑田の音楽活動で成り立っていて、いま彼に映画に没頭されたら会社が潰れます。だから今回は勘弁してほしい」と一席設けた上で頭を下げた。実に気持ちの良い断られ方だったんですが、桑田佳祐を想定して映画を組み立てていた森田さんの落胆は大きく、僕はかける言葉もなかった。

ところが、それを聞いた上司の佐々木志郎さんが僕や森田さんに黙って、松田優作のマネージャーを引き受けていたセントラル・アーツの黒澤満さんに勝手に脚本を送った。それが松田優作に渡って、優作さんはそれを読んで「面白い！」と。家庭教師役に優作さんが決まり、それから一気に『家族ゲーム』が動き出しました。

鈴木清順と森田芳光

――森田芳光×松田優作×『家族ゲーム』という座組を作ったのはにっかつの佐々木志郎さんなんですね。佐々木さんはこのあと、ホイチョイ・プロダクション作品の『見栄講座』（八三年）を映画化しようと、ホイチョイの代表の馬場康夫さんと向き合い、馬場さんと脚本家の一色伸幸さんを組み合わせて『私をスキーに連れてって』（八七年　馬場康夫監督）も企画します。八〇年代の日本映画にとって欠かせない人ですね。

山田　ＡＴＧが製作をＧＯするに当たり、佐々木史朗社長が岡田裕さんにプロデューサーを頼んでくれと希望を出したんです。

――『遠雷』の実績があったから？

山田　それもあったでしょう。ＮＣＰも出資すると、岡田さんのほうから言い出したと聞きました。四千万円の総予算の内訳は、にっかつが二千万円、ＡＴＧが一千万円、ＮＣＰが一千万円。

――岡田さんはなぜこの映画に出資しようと思ったんでしょう？

岡田　『の・ようなもの』を観て、ぶっ飛んだからです。冒頭の黄色い鳥が落ちてくる公園のベンチのシーンから始まって、この映画の文法やリズム感は、僕が学んできた撮影所の監督のものとはまったく違う。けれど、この人は映画作りの基本をよく知っていて、その上に自分なりの感覚で現代を捉えて新しい文法を組み立て直そうとしている。観客を心地よく乗せながら、そこかしこに今までの日本映画にない方法論が横溢していることにすっかり感心したんです。

『家族ゲーム』の準備が始まり、僕が撮影所の食堂にいると、森田がロケハンから帰ってきて、「岡田さん。家庭教師は船でやってくることにしました」とニヤリと笑って言うんです。完成映画にある松田優作が隅田川を船で渡って団地に来る設定をその日、思いついたんですね。

このあと一緒に作る『ときめきに死す』（八四年）でも、日下武史さんが演じた宗教教団の教祖の助手役を最初は「工作舎」の編集者だった松岡正剛さんに依頼したんです。こんなふうに森田はつねに意表をつき、人を驚かせることが大好き。小学校のころ、教室の扉の上に黒板消しを挟んで、先生が来ると落ちるように仕組むいたずら小僧っていたじゃないですか。森田はああいう感じ。映画というのは、本質的に人を驚かせるものだということを知っているんですね。鈴木清順さんにも森田と同じような資質がありましたね。

――鈴木清順監督の『悪太郎』（六三年　原作＝今東光）に岡田さんは助監督でついていますね。

岡田 一番下(四番目)の助監督でつきました。『悪太郎』は大正期の京都が舞台。山内賢、和泉雅子が悲恋を演ずるモノクロ作品です。いまでも覚えているのは、未亡人の離れの部屋に下宿している山内賢が、雨宿りしていた和泉雅子と田代みどりの二人の女子学生を送って行くシーンです。

シナリオ(笠原良三)には、二股道で田代みどりは別れ、山内賢がさらに和泉雅子を送って行き、小さな神社の境内でキスすると書いてありました。清順さんはこのシーンを十五カットに分けた。カット一、多摩川土手の水溜まり。カット二、(どこでも良い)電線にとまっている二羽の雀。カット三、岐阜の白壁に瓦屋根の俯瞰、三人が行く。カット四、郡上八幡の橋、別れてゆく田代と山内。和泉……といった具合に場所を転々とし、最後は大木の陰に入る山内賢と和泉雅子の寄り、キスする二人というかたちで表現したんです。

音楽と映像で抒情的にキスまでのワンシーンを組み立てた。この見事なコンテを見て、僕はあっけにとられましてね。清順さんは現場では飄々としていますが、じつは撮影の前の晩、寝ないで朝までかかってコンテを考える。助監督の僕にとっては、脚本からどんなふうに完成映画になるかが、まったく想像がつかない。当日清順さんがどんなコンテを立ててくるのか、楽しみでしようがなく、鈴木組は藏原(惟繕)組とともに助監督に大人気でしたね。僕は鈴木組についたので、撮影台本に書いたカット割りを現場で事務的に撮っていく監督の現場はほんとうに退屈で仕方なかった。
清順さんと森田芳光は、ともに脚本から映画への飛躍が思いもかけず、じつにあざやかだった。だから、僕の中で清順さんと森田はつながっているんですよ。

松田優作の覚醒

――岡田さんは、主義主張がなく、画と音だけで表現する映画作家がお好きなんですね。

岡田　そうかも知れない。（鈴木）清順さんも森田（芳光）も、みんな映像と音響だけで勝負する「映画の人」なんですよ。

――日活では、藏原惟繕さん、藤田敏八さん、根岸吉太郎さんが「感覚派」というべき監督の系譜ですね。

岡田　この三人は、時代や現場の〝空気〟をつかまえるのが上手い。でも、『遠雷』の根岸（吉太郎）と『家族ゲーム』の森田の映画の作り方は対照的なんですよ。根岸は最初からプランを決めていかないで、現場のスタッフの意見を取り入れながら撮る。いっぽう森田は最初からプランがあり、コンテを計算しつくし、誰が何と言おうとそれを頑固に実行する。
たとえば、伊丹十三と由紀さおりが演じる夫婦の衣裳合わせをするとき、森田は事前に、「二人がどういうふうに知り合って結婚したか」という経歴を考えてくる。伊丹は立教大学のアイスホッケー部出身で、由紀が伊丹の試合を応援に来ていて、二人は恋に落ちたと。「うん、そういうのはよくいるよね」と伊丹が森田と話し合いながら二人で衣裳を選んでいく。それから、伊丹と由紀が晴海の団地に引っ越してきた理由は、どちらかの親が都心に土地を持って住んでいたんだけれど、区画整理で立ち退かされ、代替えで晴海の団地の一室をもらったとか、そういう履歴を森田がくわしく俳優に話すんです。松田優作のシャツが赤→黄色→青と変わっていくのも森田の中で全部、理屈がある。

――藏原、藤田、根岸監督のように、現場で起こった偶然やスタッフのアイデアをフレキシブルに取り入れていく映画作りとは逆なんですね。

岡田　そういう森田の作り方が、僕にはすごくユニークに思えたんです。長さの問題で、オールラッシュのあとで、あるシーンを切れと言ったら、森田がすごく悔しそうな顔をするんです。何か理由があるのかと思ったら、「兄さんがガールフレンドのところに土産を持って行く伏線だった。そのシーンを切っちゃうと、それがわからなくなる」と言うんです。ところが、そのシーンがあったって、森田が考えていることは観客の誰にもわからない（笑）。こんなふうに、彼の計算がお客さんにわかるところと、どう考えてもわからないところがある。

けれど、森田は観客のカタルシスを拒否しない。オーソドックスは知っている。それでいてオフ・ビートなタッチも加える。ふつうの監督がやらない時（テンス）の繋ぎをするんです。こういう人は撮影所にはいなかった、新しいタイプの監督だと思いましたね。

――現場で森田さんと優作さんのコミュニケーションは上手くいったんですか。

岡田　いきましたねえ。森田は優作にささやくようにセリフを言わせた。優作は最初はとまどいましたが、すぐに森田の意図を汲み、言われる通りにやりました。ちょうど『家族ゲーム』の隣のステージでは、ショーケン（萩原健一）が渾身の演技で大正時代の破滅的な歌人を演ずる『もどり川』（八三年　神代辰巳監督）を撮影中でしたので、お通夜の席のように人が声をひそめて話すウチの組とは対照的でした。

あるとき、森田が優作の芝居を見て、「今の芝居、ショーケン臭いですよ」と言ってNGにしたんです。優作はショーケンと比較されることを何よりも嫌うので、現場が凍りつきました。けれど、優作が「ごめん、ごめん」と森田に謝った。「ショーケン臭かったのは、（『もどり川』の）現場に遊びに行ったからかなあ」と続けて、スタッフがドッと笑いに包まれたんです。そのとき、僕は森田と優作の信頼関係の深さに気付きましたね。

けれど、完成した映画を観終えたとき、優作は険しい表情になりました。「地面から三十センチ浮き上がった映画にしたいと思っていたが、これは一メートルくらい浮き上がっているんじゃないか。わからない。この映画を観客がどう見るのか見当がつかない」と言ったんです。じつは、僕もこの映画が観客にどう受け入れられるかが不安でした。「夕暮れ」「夕暮れ」とノートに書いて、夕暮れの字一つに夕暮れのカットが出てくるシーンにはジーンときましたが、総じて脚本よりも重い映画になっていた。森田が緻密に計算して、芝居もビッシリやっていったことで、何かちょっと不気味なものが出てきたことが、観客にどうとらえられるか、期待と不安が半ばしました。

しかし、岡田裕と松田優作の不安は杞憂に終わる。公開時に有楽シネマで観ると、観客の笑いが絶えなかった。『家族ゲーム』は大ヒットし、同時代の大友克洋の漫画、如月小春や野田秀樹の演劇、村上春樹の小説と比肩され、工場地帯の無機的な風景、ジェットコースターの模型、「役割＝ごっこ」を演じる「シミュラクル」としての家族を描いたポストモダンな映画として批評家に称賛される。国内では、八三年度「キネマ旬報」ベスト・テン第一位、日本アカデミー賞優秀作品賞、報知映画賞、ヨコハマ映画祭などで作品賞を受賞。海外では、八四年にニューヨークの「ニューディレクターズ／ニューフィルムズフェスティバル」のオープニングで上映され大好評を博し、「ニューヨーク・タイムズ」映画欄の主筆で、厳格な批評家として知られるヴィンセント・キャンビーに絶賛される。ニューヨークのほかボストン、シカゴ、サンフランシスコ、ロサンゼルス、ワシントンD.C.などでも公開され、小津安二郎や黒澤明以降のあらたな日本映画として高い評価を得た。

「松田優作は、森田芳光に出会い、海外で賞賛を浴びてから、決定的に変わりました」と、丸山昇一は証言する。「僕や角川春樹さんは現在のお客さんを満足させようとしていた。けれど、『家族ゲーム』以降の優作は、『そんなことは他人がやればいいじゃないか。俺たちはお客の先を行く。近未来を見据えるんだ』と言い始めました」と続ける。

『お葬式』(八四年)が社会現象になる

『家族ゲーム』を観た伊丹十三は、「映画はああいうことでいいんだ。テーマを掲げなくてもいいんだ」と言って『お葬式』に取りかかった、と山田耕大は書く(『昼下りの青春 にっかつロマンポルノ外伝』)。

伊丹十三は映画監督、伊丹万作の長男として生まれ、十三歳で父と死別したあと、商業デザイナー、俳優、エッセイスト(『ヨーロッパ退屈日記』六五年、『女たちよ!』六八年)、TVディレクター(テレビマンユニオン『遠くへ行きたい』シリーズ)として名を馳せ、それらの活動の集大成として五十一歳で商業映画の監督に挑んだ。

岡田　伊丹さんを映画界に引き入れたのは、『たそがれ酒場』(五五年　内田吐夢監督)、『手をつなぐ子ら』（六四年　羽仁進監督）などを製作し、独立プロを渡り歩いたプロデューサー、栄田清一郎さんだと聞いています。栄田さんは伊丹万作さんの弟子で、十三さんの後見人だったんですね。

僕が伊丹さんと知り合ったのは浅丘ルリ子の出演百本記念作品『執炎』（六四年　藏原惟繕監督）のとき。『執炎』のルリちゃん（浅丘ルリ子）の相手役は一般公募で、そこに応募してきたのが渡哲也で、渡は最終選考の四、五人に残ったんですが、じつは藏原さんは『北京の55日』（六三年　ニコラス・レイ監督）で日本軍将校を演じた伊丹さんを観て、彼で行こうとすでに決めていたんですね。当時、伊丹さんは川喜多和子さん（のちにフランス映画社副社長として海外の映画を日本に配給）と結婚していて、二人は『ゴムデッポウ』（六二年）という十六ミリの短編映画を作った。和子さんはよく『執炎』の現場に来ていました。

藏原さんはこの映画で伊丹さんを気に入って、僕が助監督として参加した、石原裕次郎のレーサーがサファリラリーに挑む『栄光への5000キロ』（六九年）のラリーチームの監督役に伊丹さんを起用したんです。けれど、コマサ（小林正彦）さんを筆頭とする石原プロからすると「伊丹？　誰だいそれは」という感じでした。石原プロは上意下達の体育会系ですから、文科系の僕や伊丹さんはカラーが合わず、ナイロビロケの間、二人でずっと映画の話をしていました。そのあと、クラさん（藏原）の弟子のパキさん（藤田敏八）も『妹』で伊丹さんを使って、プロデューサーの僕は伊丹さんとさらに親しくなったんです。『家族ゲーム』の現場でも僕をつかまえて、「岡チン、あの映画観た?」と。

――伊丹さんは『「お葬式」日記』(文藝春秋)で、「僕は自分が映画を作る時はプロデュースは岡チンに――われわれ彼のことを岡チンと呼んでるわけですが――岡チンに頼もうと思ってた」と書いていますね。

岡田　八三年の秋ごろかな、伊丹さんが種村季弘さんの『食物漫遊記』という本を僕に渡して、「これを松田優作主演で映画にしたい」と言ってきたんです。グルメエッセイかなと思って読むと、食べものをめぐる滑稽譚、怪異譚。「これをどんな映画にするの?」と訊くと、優作が映画館の中で美味しそうな食べ物の映画を観ながら煎餅と焼きイカを食べていると、しだいに身体が小さく縮んで小人になり、その小人がどういうわけか大きな食用の氷の塊の中にまぎれ込み、ベルトコンベアーに乗っかって砕氷場に運ばれ、砕かれて氷イチゴのカップの中に入るというシュールな話にしたいと言うから、僕は一言、「むずかしいんじゃないの」と素っ気なく言ったんです。

八四年の年明け早々に、「岡チン、脚本できたから読んでよ」と言って持ってきたのが『お葬式』の原形となる脚本でした。前年秋に宮本信子さんのお父さんが亡くなられ、湯河原で葬式を出した体験をもとに伊丹さんが書いたんですね。その脚本を正月三が日に読んだんですが、〝氷イチゴ〟と違って、これが実に面白かった。お葬式という突然の出来事に巻きこまれてオロオロする人々の姿に思わず笑い、最後の喪主の挨拶でしんみりさせるストーリー展開が絶妙で、儀式の時と映画の時が拮抗する構成にほとほと感心したんです。

それに画面に溢れんばかりに登場するさまざまな登場人物が実に魅力的でした。伊丹さんに聞くと、登場人物にはみんなモデルがいるとのこと。映画の準備を進める中で、多くのモデルに引き合わせてもらいましたが、その中で映画の根幹にかかわる人が、湯河原町の葬儀屋の茂登山さんでした。

――映画では江戸家猫八が演ずる葬儀屋「海老原」のモデルですね。

岡田　ええ。彼だけで一本の映画、一編の小説が成り立つほどユニークな市井の人物でした。茂登山さんは湯河原町でたった一軒の葬儀屋で、町民だけではなく、この町に住んでいた谷崎潤一郎など多数の著名人の葬儀も出してきた。町の人が亡くなると、茂登山さんはその家に行き、仏の死に顔を見、その家の格を考えて大体どれくらいの葬儀を出すかを長年の勘で判断し、遺族に提案するんです。

儀式の流れも彼の演出によってなされていくんですが、決して自分は出しゃばらず、謙虚で、気配りが細やかで温かみがある。お葬式が温かいというのは妙な言い方ですが、それは茂登山さんの死者に対する畏敬に根差しているんです。儀式では、お棺に釘を打つタイミング、その声のかけ方、十二時出棺といったら十二時ぴったりに合わせる進行、焼き場での昼食とその献立など、茂登山さんの葬礼の流れるような進行は、粋とすら思えました。

伊丹監督のこだわり

——お話を伺っていると、岡田さんは茂登山さんに理想のプロデューサー像を見ている気がします。

岡田　実在の人物の中には、映画や小説の世界で想像して創り出す人物なんかとてもかなわない素晴らしい人がいますよ。映画『お葬式』の葬儀に関する構成は、この茂登山さんの流儀に則って伊丹さんが描いたものです。

——しかし、茂登山さんが持つ死者に対する畏敬の念が『お葬式』にはないように思えました。とくに山﨑努は岳父である奥村公延の死にまったく悲しみを抱かず、あいさつのことばかり考えている。喜劇にするために、伊丹さんは山﨑をことさらに軽い人物として描いているところが引っかかりました。

岡田　いや。肉親の死に対して冷淡な登場人物がしだいに心境を変化させていくところが伊丹さんの狙いだと思いますよ。

**——『お葬式』は一億円の予算。岡田さんのNCPが全額出資できなかったので、宮本信子

さんが愛媛の名菓「一六タルト」で有名な株式会社一六の社長、玉置泰さんに頼みに行き、玉置さんが五千万円出資。あとは伊丹さんが三千万円、NCPが二千万円、と『「お葬式」日記』にあります。

岡田　伊丹さんに頼まれて、松山の玉置さんに出資のお願いに行ったことを覚えています。伊丹さんは永年、故郷の「一六タルト」のCMに出演していた。伊丹さんが「わが松山。わが一六タルト」などと愛媛弁で語るコマーシャルです。『お葬式』が成功して、玉置さんは伊丹プロの社長になられ、ずっと伊丹作品をプロデュースし続けます。

――『家族ゲーム』や『お葬式』のキャメラマンを前田米造さんにしたのはなぜでしょう？

岡田　前田の米《よね》ちゃんは日活調布撮影所の近所で育ち、たまたま高校を出て近所の日活に就職した、昔ながらの撮影所のスタッフなんです。パキさん（藤田敏八）の映画を撮影した荻原憲治さんの撮影助手でしたから、僕らはずっと一緒に仕事をやってきた。米ちゃんは人間ができていて、どんな監督の要望にも応じられる並外れた「対応力」がありましてね。たとえば、『お葬式』で伊丹さんは日本映画で初めて撮影現場にモニターを持ちこみ、キャメラのファインダーと同じ画が見えるようにした。プライドの高い職人気質のキャメラマンだとそれに抵抗したでしょうが、米ちゃんは平然と受け入れ、監督の望む画を作っていく。

――『お葬式』は主演の宮本信子、山﨑努から、僧侶の笠智衆、老人会の藤原釜足、田中春

男、香川良介、吉川満子にいたるまでキャスティングが行き届いていますね。『衝動殺人息子よ』（七九年　木下惠介監督）に出演後、引退した高峰秀子にも声をかけたが断られたと伊丹十三が語っています（『「お葬式」日記』）

岡田　伊丹さんは日本映画を隈なく観ていました。仕事のない日には朝からオートバイに乗って、「ぴあ」を片手に三軒茶屋や吉祥寺や上板橋の名画座を回っていたと聞きます。お父さんの伊丹万作さんも歳を取ってから映画に没入しましたが、伊丹さんも五十近くなって映画に捕らえられたんですね。ノートに付けているのかと思うほど、名もない映画の名もない役者をよく知っていました。伊丹さんの目配りで、普通の映画ではエキストラ扱いになる端役まで、『お葬式』では全部指名でき、キャスティングが壮観で、実に現場が楽しかったですね。

撮影は自分の湯河原の別荘で行いましたが、伊丹さんは徳利やお猪口、数珠、白いロールスロイスにいたるまで細部に凝り、しばしばベテランの小道具係や衣裳やメイクアップ係が音を上げるほどでした。けれど、伊丹さんは全カットのコンテをあらかじめ描き、狙ったカットしか撮らないので、尺（長さ）は二時間以内に収まるだろうと高を括っていましたが、あにはからんや、全部の撮影が終了した時点でのOK尺数は三時間ありました。葬儀のディテールを丁寧に細密に撮っていったからです。

三時間の最初の編集ラッシュは、僕が予想したより重く弾まないものだったので、「この作品は切れば切るほど良くなるよ」と言うと、伊丹さんも「そりゃあそうだ」と納得したんですが、各シーン、カットに膨大な労力を注ぎ、思い入れがある伊丹さんはなかなか縮められない。僕は伊丹さんのこだわりに関係なく、容赦なく「切れ」と言う。伊丹さんやスタッフはカッカと怒り、「プロデューサーは金儲けのために映画を無茶苦茶にするのか」「上映時間が二時間だと誰が決めた」などと言う。「冗談じゃない。ここをここを切れば、映画の流れが良くなると思うから、言っているんだ」と僕が言い返す。この繰り返しでした。『お葬式』は、三時間のものを二時間二十分まで切ったところで、作品が一、、、人歩きをし始めました。

──一人歩きとはどういうことでしょう?

岡田 編集に立ち会っている者全員にとって「映画の完成形が見えかける」ことを指します。映画のモンタージュというのは不思議なもので、繋ぎ方のリズム感をちょっと変えることで全体の印象ががらりと変わってくる。監督やスタッフが予期しなかった別の要素がスクリーンに立ち現れてくるんです。

僕にとっては、映画が一人歩きする瞬間が、映画製作をやっていて一番興奮させられるときです。実は、そういう瞬間を持てない映画も、たくさんありますから……。映画が一人歩きし始めると、編集に携わっていたスタッフ一人一人が重苦しい雰囲気から解放され、のびのびと意見を言えるようになり、その意見が不思議に一致して、スムーズに切れて、映画は完成に近付くんですね。

結局、『お葬式』は二時間四分で仕上がりました。これがこの脚本を映画にした場合のギリギリの省略をしたベストの時間だと僕はいまでも思っています。

――音楽が現代音楽の作曲家、湯浅譲二さん。これは伊丹さんからのオーダーでしょうか？

岡田　ラインプロデューサーだったNCPの細越省吾さんが音楽にくわしかったから、コシ（細越）さんの推薦じゃなかったかな。コシさんは面白い経歴の持ち主でね。福島の大工の倅で、板前やテキ屋の修業をしたあと、日活の照明部に入り、ロマン・ポルノのプロデューサーになった。細かい注文を脚本家や監督に付ける人で、その執拗な細かさが伊丹さんと合ったんだな。『お葬式』のあと、伊丹プロに移籍して、九本の伊丹映画を製作するんです。会津人らしく朴訥だけど生一本。脚本が読めて、予算を必ず守るコシさんを、彼が亡くなるまで（九六年に細越は逝去）伊丹さんは大事にしましたね。

過去の名作をサンプリングした傑作

――『お葬式』は大手映画会社から「この題材は縁起が悪い」と配給を断られ、完成後にや

っとＡＴＧでの配給が決まり、八四年十一月十七日に都内三館のみで公開されます。

岡田 東京ではテアトル新宿、テアトル池袋、テアトル吉祥寺だけでした。当日、大丈夫かなと見に行くと、テアトル新宿の前に行列ができていて、その列が隣りの伊勢丹新宿店をぐるりと取り巻いていました。ＡＴＧの親会社である東宝の調整部長の堀内實三さん（のちの専務）が初日の入りを見て拡大公開を決めて、東宝洋画系のスカラ座でも上映され、十二月にかけて全国で十四館に。最終的に驚いたことに二百館近くまで上映館が拡がりましたね。

入場者のピークは翌年の正月。気付いたときには社会現象になっていました。新聞の社会面に、「『お葬式』の行列でおばあさんが転んだ」なんていう記事が載るし、四コマ漫画には取り上げられるし、後にも先にもあんなことはありませんでした。

──製作費一億円に対して配給収入が十二億円の記録的大ヒット。八四年度「キネマ旬報」ベスト・テン第一位、日本アカデミー賞、報知映画賞などで作品賞を受賞。プロデューサーとして、『お葬式』の〝勝因〟は何だったと思いますか？

岡田 伊丹さんが書いた脚本に「これなら絶対成功する」と僕が確信を持てたこと。それに、赤をベースにしたポスターなど、「お葬式」という暗いイメージを払拭するデザインワークをしたこと。さらに、笑って泣ける人間ドラマとして、ＣＭスポットを使わず、試写会の口コミと伊丹さんのバラエティ番組への出演で宣伝したことがヒットの要因だと思います。

伊丹さんは第二作の『タンポポ』(八五年)で『お葬式』よりも自分の趣味性を出し、ディレッタント(好事家)としての蘊蓄を傾け、配給収入を半減させます(但し、アメリカでは伊丹作品で最大のヒット作になる)。そこで、『マルサの女』(八七年)以降、エンタテインメントのほうへ大きく舵を切る。『お葬式』は伊丹さんのエッセイストとしてのセンスと娯楽性のバランスがほどよく取れた映画だと思いますね。

――NCPは『タンポポ』以降の映画にも出資したんですか?

岡田　出資はしていません。伊丹さんが「自己資金で作るから」と言いましたから。『タンポポ』、『マルサの女』までNCPが製作プロダクション。それ以降の作品にNCPは関わらず、伊丹プロが製作しました。『お葬式』のあと、東宝の高井英幸さん(のちの社長)が、「伊丹さんを紹介してくれ」と僕を訪ねてきた。そして、『タンポポ』以降、東宝がすべての伊丹作品の配給を引き受けます。ATGは、質の高い作品を供給し、新しい才能を発掘するために東宝が支援した会社ですが、伊丹十三というヒットメーカーを掘り当て、『マルサの女』以降、自社のドル箱にするわけです。

――九七年に伊丹監督は東京・麻布台のマンションから飛び降り自殺をします。岡田さんは何が伊丹さんを追いつめたと思いますか。

岡田　わからない。死後に玉置泰さんと話したんですが、おたがいまったく心当たりがなかった。伊丹さんは『お葬式』以降の全作品を自己資金で製作し、配給をした東宝にも出資はさせず、作品の権利はすべて伊丹プロにありましたから、お金や権利関係のトラブルじゃない。伊丹さんの心に、他人が窺い知れぬ闇があったんでしょうね……。

『お葬式』が公開された八四年は、レンタルビデオ店が急増し、公開される映画よりもビデオの作品数が上回った年だった（ビデオ店の軒数は九〇年末にピークを迎える）。一月二十一日付「読売新聞」に映画評論家の畑中佳樹が「映画は今や、映画街に次から次へと供給される新鮮な娯楽ではなく、ビデオ等によって収集・整理・研究されるべき過去の遺産になろうとしている」と書いた。『お葬式』はまさに、伊丹が好きな映画のシーンをサンプリング・リミックスした、この時代ならではの映画だった。私は日比谷で『お葬式』を観たあと、六本木ＷＡＶＥ一階のレンタルビデオ店「ＰＩＮ　ＵＰ」でインディーズ映画を借り、青山ブックセンター六本木店で「週刊本」（朝日出版社）を読んだことを覚えている。

第六章　『ユー★ガッタ★チャンス』――吉川晃司、大森一樹との併走

ステージ上の若き吉川晃司（写真　講談社資料センター）

渡辺晋がほれ込んだ少年

八三年、岡田裕は渡辺プロダクション（以降「渡辺プロ」と略記）の社長、渡辺晋から一本の映画を委ねられる。

渡辺プロは、五五年に渡辺晋と妻の美佐らが、それまで不安定な地位にあった歌手を月給制にし、待遇改善を図るために設立した。『シャボン玉ホリデー』『ザ・ヒットパレード』などのテレビ番組を自社製作し、クレージーキャッツの主演映画をヒットさせ、ザ・ドリフターズ、沢田研二、森進一、小柳ルミ子、天地真理、キャンディーズなど大スターを擁する、芸能界に大きな影響力を持つ「ナベプロ帝国」を築いた。

しかし七三年、日本テレビ『NTV紅白歌のベストテン』に対抗する歌謡番組をNET（現・テレビ朝日）と共同で計画したことから日本テレビの音楽・バラエティ責任者、井原高忠と対立。同時刻に歌謡番組が重なると出演歌手が限られることを憂慮した井原が渡辺晋に相談を持ちかけると、「だったら、『紅白歌のベストテン』が放送日を変えればいいじゃないか」と渡辺は言い放ち、井原は激昂。以降、日本テレビは渡辺プロの歌手を使わず、「ナベプロ一強時代」は翳り、ホリプロ、サンミュージック、ジャニーズ事務所などの芸能プロダクションが群雄割拠する時代が始まる。

加えて、七八年にキャンディーズが解散（そのマネージャーの大里洋吉も退社し「アミューズ」を設立）。七九年には森進一、ザ・ドリフターズが独立。八〇年には布施明が渡米するなど、所属歌手が次々退社することにより渡辺プロはしだいに勢いを失ってゆく。そうした中、渡辺晋は、広島のアマチュアロックバンドのサイドギターとヴォーカルを担当していた高校二年生の吉川晃司を「十年に一人の逸材」と見こんでスカウト。社運を賭けて、映画（『すかんぴんウォーク』）とシングルレコード（『モニカ』）の両方で芸能界デビューさせようと目論んだ。

岡田　ある日、『赤ちょうちん』（七四年　藤田敏八監督）で高岡健二のマネージャーだった渡辺プロの大森（慎）ちゃんが新人タレントを連れて、四畳半に毛の生えたようなＮＣＰの事務所を訪ねて来ましてね。タレントというよりプロスポーツの選手のような、脚が長く、上半身が逆三角形の少年でした。しかし、彼は話してるとき、けっして目を逸らさないんですよ。それが僕と吉川晃司との出会いでした。

それから半年くらいあと、大森ちゃんが「社長が会いたがっている」と言い、麻布台の渡辺プロダクションを訪ねました。渡辺晋さんがいて、「吉川晃司の主演作をあなたとＡＴＧの佐々木史朗に任せたい。『遠雷』や『家族ゲーム』みたいな良質な映画を作ってくれ」と言うんです。クレイジーキャッツやドリフターズの映画を製作した芸能プロの社長がＡＴＧの映画まで観ていることに驚きましたね。

――渡辺晋さんが岡田さんに声をかけた八三年、アイドル映画はどのような状況だったんでしょう？

岡田　八三年の角川映画は薬師丸ひろ子主演の『探偵物語』（根岸吉太郎監督）と原田知世主演『時をかける少女』（大林宣彦監督）の二本立てで大ヒット（配収二十八億円）しましたが、翌八四年の薬師丸ひろ子の『Ｗの悲劇』（澤井信一郎監督）と原田知世の『天国にいちばん近い島』（大林宣彦監督）の配収が十五億五千万円まで落ちるんですね。

八一年の『青春グラフィティ　スニーカーぶる〜す』（河崎義祐監督）から始まった東宝のドル箱、ジャニーズ事務所の「たのきん（田原俊彦、野村義男、近藤真彦）スーパーヒットシリーズ」も、八三年の『エル・オー・ヴィ・愛・Ｎ・Ｇ』（舛田利雄監督）（併映は『あいつとララバイ』《井上梅次監督》）が当たらず、ここで打ち切られます。松田聖子主演映画も、八三年の『プルメリアの伝説　天国のキッス』（河崎義祐監督）（併映は『刑事物語２　りんごの詩』《杉村六郎監督》）が配収十二億円を挙げるんですが、翌八四年の『夏服のイヴ』（西村潔監督）（併映は『刑事物語３　潮騒の詩』《杉村六郎監督》）が配収八億円まで落ちるんですね。こんなふうにアイドル映画は八三年がピークで、八四年から下り坂となります。八三年は「アイドル映画の新しい方法論」をみんなが思いあぐねている時期でした。

——商業映画を三本しか撮っていない大森一樹監督を選んだのはなぜでしょう。

岡田　昨年（二〇二二年）亡くなった大森は、あのころ、芦屋のぼんぼんふう。図体が大きく、度の強い眼鏡をかけて、柔らかそうな髪の毛を額一杯にたらし、人のそばに寄って行き、悪戯っぽい目をして大仰にひそひそ話をする男でした。彼が初めて撮った『オレンジロード急行』（七八年）を観て、和歌山の海がオレンジ色に染まるラストシーンの処理が「下手だ」と彼に言ったんですね。

　実際、映像表現のテクニックだけからいうと、大森は同世代の森田芳光や川島透（『竜二』八三年、『野蛮人のように』八五年）に比べればはるかに下手で、鬼面人を驚かすやり方は彼の得意とするところではありません。しかし、テクニック以前に彼は映画作家として人より優れた持ち味がありました。人間観察における実に温かで細やかな視線と、作家性と娯楽性を包容力ゆたかに併せ持つ懐の深さです。彼には、アメリカの東部のインテリが共有しているような、良い意味での「保守主義」があり、それは他の同世代の作家にはない美質でした。

——岡田さんが言う「アメリカの東部のインテリ」とは、一定の社会的地位があり、生活や仕事に困ることはなく、コミュニケーション能力が高い階層の人々のことですね。大森一樹

は兵庫県芦屋市育ち。市立精道中学校では村上春樹の三学年後輩に当たります。村上は大森の『ヒポクラテスたち』を「中産階級的光輝に充ちた映画青年の颯爽たる『哲学』が脈打つ」と評しました（「太陽」八〇年十二月号）。

岡田　それで、大森は村上春樹の『風の歌を聴け』を八一年に映画化する。その大森を、劇作家・脚本家のニール・サイモン（『おかしな二人』六五年、『サンシャイン・ボーイズ』七二年）が好きで、ソフィスティケートされた芝居やセリフを書ける丸山昇一と組ませれば、一九八三年の風が吹き抜けるアイドル映画ができる、と確信して、渡辺晋さんに提案したんです。

『すかんぴんウォーク』（八四年）

八三年夏、丸山昇一は角川映画の『晴れ、ときどき殺人』（八四年　渡辺典子主演、井筒和幸監督）の執筆などで多忙をきわめていたが、かつて『ヨコハマBJブルース』（八一年工藤栄一監督）で仕事をした岡田裕から電話を受ける。

丸山　岡田さんと待ち合わせて渡辺プロに行くと、社長面接のために呼ばれたことがわかりました。渡辺晋さんが「デビューする新人をプロモーションする方法はいろいろあるんだけれど、吉川晃司は歌と映画で売りたい」と言うので、僕はすぐに「サクセスストーリーですね？」と訊ねました。晋さんが「サクセスストーリーにもいろいろあるけど、どういう話？」と訊くので、『スター誕生』（七六年　フランク・ピアソン監督）とか『ローズ』（七九年　マーク・ライデル監督）みたいな感じですかね。ラストは主人公が世の中に出るところで終わり、それをナベプロさんの力で、吉川晃司のデビューとクロスさせたらどうでしょう？」と提案すると、晋さんは「それは面白い！」。

「でも、僕に書かせていただけるのなら、綺麗で若く健康な青年が、世の中の汚い面を見ないで幸せにラストシーンを迎えるようには書かないですよ。その人の闇の部分もえぐり、生き恥をさらし、苦汁を舐めながらデビューする物語にします。晴れやかなものを描くには苦みもたっぷり加えなければなりません」なんて生意気なことを僕が言うと、晋さんはニコニコしながら、「これは渡辺プロダクションが社運を賭けて売り出す新たなスターの映画だけど、内容は君たちが考えた通りにやってくれ」と言ったんです。

次の回からは大森一樹さん、佐々木史朗さん、岡田裕さんを交え、晋さんのご自宅で「御前会議」をやりました。

この御前会議の様子を大森一樹はこう書く。

〈夕食の終わった頃おじゃまするると、リビングで部屋着の晋さんが待っていて、映画の話が始まる。／「吉川が自分の野外コンサート会場の広さを、あの長い足を広げて歩いて測るんだ。どうだい？」「それ『ジャイアンツ』（五六年　ジョージ・スティーヴンス監督）のジェームズ・ディーンじゃないですか？」と答えると、うれしそうに「そうなんだが、ダメかね」。「六本木の通りを歩いていると突然歌い出し、足を上げて踊りだすんだ。どうだい、そんなシーン」「植木さんの無責任男のキャラクターならできますけれど―」等々、やがて自家製の中華そばが出され、話は深夜まで続く。／この人は本当に映画が好きなのだ〉（大森一樹『映画監督はこれだから楽しい　わが心の自叙伝』）。

岡田　渡辺晋さんはあのころ、所属タレントやテレビ局と激しいやりとりをしている時期でしたが、われわれとの打ち合わせでは心底リラックスして、実に楽しげでした。映画の話が唯一、晋さんがくつろげる、楽しい時間だったのかも知れません。

丸山　その打ち合わせの席で岡田さんが、三本ある『スター誕生』（三七年、五四年、七六年）の展開を比較しながら、どこの部分で主人公が貧しいときや陽が当たらないときを描き、どこの部分で少し光が差し、どこで事態が好転するか、という「サクセスストーリー」の基本構成やオーソドックスな進め方をレクチャーしてくれたんです。「丸山君も大森君もこういう基本だけは押さえておいて。あとは八三年の空気に合わせて、君たちなりのサクセスストーリーを考えてくれ。私も旅館に時々行って、自分なりの意見を言わせてもらう」と。

それで、大森さんと中野の福屋ホテルに入ったんですが、四日経っても僕が書き出せなかった。そこへ岡田さんが訪ねて来て、こう言ったんです。「こうやって映画の仕事をやっている君たちは、映画を夢見ながらチャンスと運に恵まれず辞めていった何百人何千人の累々たる死屍の上に立っているということを忘れるな。彼らの無念や犠牲の上に君たちの今がある、と思ってくれ」と。明るく楽しくやるのは大いに結構だけど、命を刻む思いでやれ、ただの簡単な娯楽映画だと甘く見るな、と岡田さんは釘を刺したんですね。岡田さんが帰ったあと、大森さんと二人で思わず正座しました。

——脚本は、民川裕司（吉川晃司）が広島から東京にバタフライで泳ぎ着く場面から始まり、裕司は六本木の裏町で歌手志望の貝塚吉夫（山田辰夫）、女優志望の野沢亜美（鹿取容子）らと知り合い、三人は夢に挫折しながら、それぞれの成功をつかんでいきます。

丸山　僕は高校二年生の夏休み、演劇をやりたくて、宮崎から東京へ家出したことがあるんです。一ヵ月間、六本木の「アマンド」の裏のわずか二畳の寮に寝泊まりし、新橋の喫茶店で働きながら、歌手志望、ボクサー志望の人たちと知り合った。大人との距離感がわからなくて傷ついた。けれど、そのとき出会ったろくでもない人のほうが、自分が大人になるときにいちばん栄養を与えてくれた気がします。この僕の十七歳の体験を十八歳の民川裕司に追体験させたんですよ。

――現在と違って、一生フリーターをやりながら夢を追う人が多かった、八〇年代の東京の空気がありありと描かれていますね。

丸山　自分の体験を飾らずに出しましたから。山田辰夫の毒舌が売りものの「スタンドアップコメディアン」（観客の前で即興話芸を演じる芸人）のモデルは、『レニー・ブルース』（七四年　ボブ・フォッシー監督）のダスティン・ホフマンです。

――山田辰夫の代表作ですね。八〇年代の映画は山田辰夫か趙方豪《ちょうばんほう》が出ているとたいてい面白かった。物語の光の部分を民川裕司、闇の部分を貝塚吉夫。一度、沈んだ貝塚がふたたび浮かび上がり、沈みかけた民川を助ける。光と影が入れ替わる展開ですね。

丸山　ただの友情物語にしたくはなかった。東京に出てきて、浮き上がる人もいれば、沈んでいく人もいる。だけど、沈んでもいいじゃん。東京は残酷な街だけれど、その残酷さもふくめて、地方都市では味わえないものがある。ずっと東京にいたかったら、一回や二回、沈みこむことも承知の上でがんばっていかなきゃいけない。都会に住むことはそういうことだから――そう思って書いたんです。

――それまでの男性アイドル映画では女性ファンに配慮し、アイドルのベッドシーンは描きませんでした。しかし、民川裕司三部作は、裕司と年上の女性（鹿取洋子、浅野ゆう子、名取裕子）とのベッドシーンが描かれます。渡辺プロからクレームは付きませんでしたか。

丸山　晋さんに訊くと、晋さんは笑って、「これは必要なことだろ」。

六〇年代の撮影所のスター映画なら、スターの生々しい、汚い、みっともないところは外したと思います。しかし、七〇年代にアメリカン・ニューシネマや、原田芳雄さんや萩原健一さんがみっともなく、貧しく、リアルなヒーローを演じ始め、ロマン・ポルノも登場して、ヒーローが綺麗ごとじゃすまない、もっとリアルにスクリーンの中で生きなければならなくなってきた。観客と等身大の、女性とセックスするヒーローも描かなければならないと思ったんです。それは、八〇年代前後に登場した同世代の作家、相米慎二や根岸吉太郎や崔洋一や荒井晴彦に共通する認識だったと思います。

八三年九月、撮影が始まる。大森一樹はデビュー以来、『オレンジロード急行』＝京都、奈良、和歌山、『ヒポクラテスたち』＝京都、『風の歌を聴け』＝神戸、と物語とともに都市のポートレイトを描いてきたが、『すかんぴんウォーク』の舞台は東京。八三年の六本木ロアビル、「アマンド」、「ザ・ハンバーガー・イン」、後楽園サウナ、俳優座劇場、紀伊國屋ホールが活写される。

岡田　大森は水野尾信正をキャメラマンに指定してきたんです。

――鈴木清順の『肉体の門』（六四年）や『東京流れ者』（六六年）を担当した峰重義の助手で、『新宿乱れ街　いくまで待って』（七七年）、『天使のはらわた　赤い教室』（七九年　ともに曽根中生監督）などのにっかつロマン・ポルノを手がけ、相米慎二の『翔んだカップル』（八〇年）で一般映画に進出したキャメラマンですね。

岡田　僕はもっとベテランの前田米造や森勝クラスを付けようと考えていたんです。「水野尾さんで行きたい」と聞いて、大森は日活映画をよく見ているなあと思いましたね。

――そのせいか、『すかんぴんウォーク』はすごく日活映画的ですね。『嵐を呼ぶ男』（五七年　井上梅次監督）を彷彿とさせるバックステージものであり、吉川晃司の撮り方や宍戸錠の登場のさせ方に日活無国籍アクション映画の匂いがします。第二作『ユー★ガッタ★チャンス』の人気スターがスケジュールを投げ出し旅に出る設定は『憎いあンちくしょう』（六二年　石原裕次郎主演、藏原惟繕監督）を想起させます。

岡田　大森も丸山も日活アクション映画が大好きだった。「民川裕司三部作」の、明朗で、楽しく、キザで、突拍子もないところが日活的なんですよ。

映画は順撮りで撮られ、冒頭ではあどけなかった吉川晃司がしだいにスターの風貌になっていく。丸山昇一が付けた題名は『ウエイティングサークル』だったが、佐々木史朗がスタッフに題名を公募し、最終的に『すかんぴんウォーク』に落ち着く。このタイトルには、七六年のムーンライダースの名曲『スカンピン』への目配せがある。

八四年二月十一日、全国東宝系劇場で傑作アニメ『うる星やつら2　ビューティフル・ドリーマー』（高橋留美子原作　押井守監督）と二本立てで公開された『すかんぴんウォーク』はヒット。二月一日に発売された吉川晃司のデビューシングル、『モニカ』（B面は『真夜中のストレンジャー』）も売上枚数三四万枚の大ヒットとなり、吉川は第二六回日本レコード大賞新人賞を受賞した。渡辺晋は賭けに勝ち、夢を叶えた。

『ユー★ガッタ★チャンス』（八五年）

八四年夏、東宝と渡辺プロダクションはさっそく吉川晃司主演映画第二弾の製作を発表する。渡辺晋が自らつけたタイトルは『ユー★ガッタ★チャンス』。

岡田　第一作が当たったし、吉川も伸びてきたから、第二作は東宝、ナベプロともに力が入っていましたね。予算も増やす代わりに、要望が山ほど来ました。
晋さんは加山雄三の「若大将」シリーズの要素を入れてくれと。吉川は「アイドル映画なら出ない」と。調整役を丸さんに頼んだんです。

丸山　『すかんぴんウォーク』では、最初の脚本をおこすときに何の注文もなかったんだけど、『ユー★ガッタ★チャンス』では大量の注文を短期間のうち（脚本打ち合わせからクランクインまで五十日）に一本の線にまとめ上げなきゃならなかった。本来の脚本家の手腕とはまったく別の調整能力を要求されました。だけど、僕はデビュー作の『処刑遊戯』から松田優作の無理難題に付き合って、かたちにしてきましたから。黒澤満さんが優作と目指すものが違ったりすると、「丸さん、頼む」。僕はセントラル・アーツの「優作番」でした（笑）。
この評判を聞きつけて、岡田さんも「丸さんならできるだろう」。晋さん宅で一回、打ち合わせをやりましたが、二作目だからみんなノリノリでバカ話をしながら僕に意見をぶつける。吉川君も今回は、最初の構想や現場に入ってからも言いたいことを言った。みんなの要求を全部叩きこみ、脚本を書き上げました。

――『ユー★ガッタ★チャンス』の冒頭で、民川裕司（吉川晃司）は公演先のホテルで外出を禁止されるほどのスターになっています。そんな彼の前に現れたのが、第一作が海外の映

画祭でグランプリを獲った映画監督、合田（原田芳雄）。CF撮影がきっかけで二人はたがいに興味を抱きますが、合田は忽然と失踪する。民川はすべての仕事を放り出し、「レールは外れてみなきゃ前は見えない」と合田の行方を探し回ります。「合田」にモデルはいるんでしょうか？

丸山　いません。二十歳のシンガーが自分の夢を託し、憧れる大人とはどんな男だろう、と晋さん、監督、岡田さんで話し合ったんです。そのとき晋さんがアイデアを出した。「音楽関係者だと世界が狭い。映画監督にすればスケールが大きくなるし、音楽から映画に越境する現在の吉川と民川がリンクするじゃないか。それに、所属タレントが映画監督の個人的な思いこみや野望に感化されて、プロダクションを辞めることはままある」。それはナベプロを辞めた萩原健一氏のことかな……と思いながら、民川がしだいに、自分の才能に自惚れ、オファーをすべて断わり、大衆を豚呼ばわりする合田の人間性を見抜いて、幻滅する展開にしました。

──「あなたは夢に生きてるんじゃなく、夢で生きている」という民川裕司のセリフ（大森が脚本にないセリフを現場で加筆）が痛切ですね。憧れていた大人に幻滅するところにこの映画の苦さがあります。

丸山　ミドルティーンの少年少女がターゲットの『ユー★ガッタ★チャンス』（併映は『ク

ララ白書　少女隊PHOON』（河崎義祐監督））にはたして映画監督のエピソードが必要だったかどうかはわかりませんが、晋さんは「こういうビターなところがあってもいい」と。

――映画は民川が合田を追って、湘南海岸から横浜へ、さらには静岡、神戸へ。アメリカ帰りの女性（浅野ゆう子）を巻きこんでのアクション、またアクションになります。吉川晃司がとにかく走りに走る――。

丸山　「追いつ追われつの『活劇』をやりたい」と岡田さんに提案すると、岡田さんが目を輝かせ、「日本映画は『追っかけ』をやろうとすると、いつも上手く行かない。なぜかというと、『追っかけ』は追う側より追われる側のドラマのほうがサスペンスがかかって面白いのに、スターは決まって追われる役はやりたがらない。今回はぜひ吉川で追われるドラマに挑戦してくれ」と言われたんです。

岡田　第一作はしっとりした青春群像劇だったので、こんどは吉川の身体能力を最大限に活かし、ジャン゠ポール・ベルモンドの『リオの男』（六四年　フィリップ・ド・ブロカ監督）の向こうを張った痛快なアクション映画をやりたかった。しかし、吉川にケガをさせてはいけないからスタントマンを用意したところ、神戸ロケで歩道橋から飛び降りたり、車のボンネットを渡って行く危険なシーンを吉川がスタントを使わず、自分でやった。それをあとから聞いて、「いい加減にしろ！」と大森を叱責しました。

大森一樹は『映画監督はこれだから楽しい　わが心の自叙伝』で、故郷の神戸で撮った理由をこう書く。

〈私はカンヌやベネチアを目指して映画を撮ったことは一度もない。『ユー★ガッタ★チャンス』で目指したのは神戸・北野町を駆け抜ける吉川晃司だ。強引に神戸のコンサートツアーを設定、新神戸駅からマスコミの大追跡をかわして大倉山の神戸文化ホールまで全力疾走。ラストは今や伝説の廃墟となったが、当時は知る人ぞ知る摩耶観光ホテル、回廊からテラスを走り回って最後はステージ跡で歌い上げる……私が撮りたかった映画は自分が十代の時に週替わりの映画館で見ていた番線映画、いわゆるプログラムピクチャー、映画会社の二本立の一本なのである〉

『テイク・イット・イージー』(八六年)

岡田　僕らは「民川裕司シリーズ」は二作で完結と思っていたら、二作目が当たって、東宝が「三作目もありじゃないか」と。もう出すものはみんな出しちゃったから、本当に困りました。

丸山　僕は何も浮かばず、大森さんに助けられました。会議で大森さんが、「『アマデウス』（八四年　ミロス・フォアマン監督）のサリエリとモーツァルトの確執をやろう」と言い出した。「民川裕司の位置が脅かされるような、女性天才ロックシンガーが現れる。彼女が『アマデウス』のサリエリで、民川がモーツァルトや。彼女はどこまで行ってもNo.2で民川を抜けない。そのうち彼女は民川を恋するようになり、最後に殺意を抱くんや」。「それは面白いね」と晋さんもノッた。

――その「サリエリ」が『テイク・イット・イージー』の氷室麻弓《まきゅう》（名取裕子）になるんですね。

丸山　そのあとは僕が考えた。第一作では僕の脚本が監督をインスパイアした。第二作は脚本と演出が互角だった。この第三作では監督に脚本が引っ張られたんです。

――NY公演が中止となった民川裕司はサイドカーで北海道へ行き、とある町で、東京の音楽事務所からのスカウトの誘いを拒み、酪農をしながら町のライブハウスで歌い続ける氷室麻弓に出会う。一作目の『すかんぴんウォーク』は地方から上京した若者たちの話。三作目は、東京に出るか、地方で生きるか思いあぐねる若者たちの話。この二作は対になり、八〇年代の東京と地方を巡る若者たちの煩悶を、東京と地方の側から生々しく描いていますね。

「民川三部作」が吉川ファン以外の二十代の観客にも届いた所以です。

丸山　東京という都会に出てきた地方の若者の高揚と変節というのは、僕にとって永遠のテーマなんですよ。

『テイク・イット・イージー』公開（併映はアニメ『タッチ　背番号のないエース』〈杉井ギサブロー監督〉）から九ヵ月後（八七年一月）、渡辺晋はがんのために急逝する。五十九歳だった。吉川晃司が渡辺の作った最後のスターに、そして「民川裕司三部作」が白鳥の歌となった。

映画に精力的だったフジテレビ

「民川裕司三部作」と並行して、岡田裕はフジテレビとの提携で、『CHECKERS in TANTANたぬき』（八五年　川島透監督）、『おニャン子・ザ・ムービー　危機イッパツ！』（八六年　原田眞人監督）、『いとしのエリー』（八七年　国生さゆり主演　佐藤雅道監督）といったアイドル映画を製作する。

フジテレビは日本のテレビ局として初めて映画製作を手がけ、第一作『御用金』（六九年仲代達矢、中村錦之助主演　五社英雄監督）、第二作『人斬り』（六九年　石原裕次郎、勝新

太郎主演　五社英雄監督）をともにヒットさせた。だが、第三作の『暁の挑戦』（七一年中村錦之助、渡哲也主演　舛田利雄監督）のでき栄えと興行的失敗が、フジサンケイグループのトップ、鹿内信隆の逆鱗に触れ、フジテレビは以降十年間、映画の製作を中止する。

八一年の『幸福』（市川崑監督）から製作を再開するが、八三年に学研と共同製作した『南極物語』（藏原惟繕監督）が当時の日本映画の興行成績を塗り替える五十九億円の配収を記録し、続く『ビルマの竪琴』（八五年　市川崑監督）、『子猫物語』（八六年　畑正憲監督　市川崑協力監督）の大ヒットでフジテレビの映画部は一躍名を馳せ、アイドル映画も手がける。その第一弾が『ＣＨＥＣＫＥＲＳ　ｉｎ　ＴＡＮＴＡＮたぬき』だった。

――八四年は、チェッカーズがスーパーアイドルに躍り出た年でした。この年の一月にセカンドシングル『涙のリクエスト』が大ヒット。この曲に牽引され、デビューシングル『ギザギザハートの子守唄』（八三年）、サードシングル『哀しくてジェラシー』もともにヒットさせ、ランクインさせます。『ＣＨＥＣＫＥＲＳ　ｉｎ　ＴＡＮＴＡＮたぬき』はどのように企画されたのでしょう？

岡田　これは、知り合いだったフジテレビの角谷優さんに声をかけられ、ＮＣＰが製作を請け負った作品です。角谷さん、チェッカーズのトータルコンセプトを担当していた秋山道男さん、僕とで延々とどういう話にするかを議論して、「人気グループは実はたぬきだった」というワンアイデアが浮んだんです。

──若松プロの青春群像劇『止められるか、俺たちを』（一八年　白石和彌監督）では、秋山道男さんの役をタモト清嵐が演じていますね。秋山さんは、若松プロのピンク映画で俳優をやり、『ここは静かな最前線』（『天使の恍惚』の主題歌）を作曲し、荒戸源次郎の劇団「天象儀館」を経て、八〇年には西友の広報誌の編集長や雑誌『BIG tomorrow』（青春出版社）の創刊ブレーンを務め、八三年には「無印良品」全般のプロデュースと、チェッカーズのファッション、レコードジャケットなどのコーディネイトを手がけた、八〇年代を語る上で欠かすことのできないマルチクリエーターですね。秋山さんは『CHECKERS in TANTANたぬき』のコンセプトをこう語っています。

「『満月狸御殿』的なものをプランした……チェッカーズのタヌキが光線銃を連射するように、元気&呑気&センチ&ピュア&可愛さ&開放された感性（センス）などを武器に、世の中の退屈で不純なダサいものと戦う、チャーミングなタヌキ─映画で、宇宙と日本を面白くしたかったわけよ、僕は」（『高級本格本② CHECKERS in TANTANたぬき』）。

岡田　秋山さんらしい飛び跳ねるような文章だね。映画には秋山さんのアイデアがふんだんに入っていると思いますね。

――川島透監督とはこの映画と『ハワイアン・ドリーム』（八七年　時任三郎、ジョニー大倉主演。『チ・ン・ピ・ラ』の続篇）で組んでいますね。

岡田　川島透はセンスがすごく良くて、当時、僕は森田芳光、根岸吉太郎、川島透がこれからの三本柱だと思っていました。けれど、毎回、川島は一緒に仕事をするスタッフと折り合いが悪くなり、僕が仲裁に入らなければならなかった。他のプロデューサーの作品でも同様で、そのためしだいに仕事を失くしていきます。才能はあるのに、もったいなかったと思います。

このあと、フジテレビは重村一、石原隆ら気鋭の編成部員たちが、元にっかつの佐々木志郎、山田耕大が企画した『私をスキーに連れてって』『木村家の人びと』などを映画化し、九〇年代には三谷幸喜や岩井俊二を育て上げ、九八年には『踊る大捜査線　ＴＨＥ　ＭＯＶＩＥ』（本広克行監督）という配収五十三億円のメガヒットを飛ばす。

アイドル映画の終焉

一方、アイドル映画は、八〇年代前半には十億円を超える配収の作品が年間数本あったが、八六年の薬師丸ひろ子主演『紳士同盟』（那須博之監督）と小泉今日子主演『ボクの女に手を出すな』(中原俊監督)の二本立て(配収九億五千万円)、八七年の南野陽子主演『スケバン刑事』(田中秀夫監督、配収六億五千万円)、八九年正月映画の光GENJI主演『…これから物語 少年たちのブルース』(榎戸耕史監督)と『ふ・し・ぎ・なBABY』(根本順善監督、配収十億三千万円)の二本立てを最後にしだいに作られなくなっていく。

九〇年代に入っても、藤谷美紀主演『のぞみ♥ウィッチィズ』(九〇年 関本郁夫監督、併映『押忍!! 空手部』村川透監督)、観月ありさ主演『超少女REIKO』(九一年 大河原孝夫監督)、内田有紀主演『花より男子《だんご》』(九五年 楠田泰之監督)と松雪泰子主演『白鳥麗子でございます!』(小椋久雄監督)の二本立てなどが製作されるが、しだいに配収は落ちていく。八〇年代後半以降のアイドル映画の状況を金子修介監督はこう語る。

金子 僕が八九年に撮った中山美穂、宮沢りえ主演の『どっちにするの。』(原作=赤川次郎『女社長に乾杯!』)は配収八億円超えのヒットになるんですが、翌年(九〇年)の斉藤由貴主演『香港パラダイス』は当たらなかったんですね。アイドル一人に頼ると駄目だな。観客にとってアイドル映画はもう古い感じがするのかな。複数のアイドルを使うか、アイドル映画に別の仕掛けが加わらないと当たらない時代になってきたんだな、と思ったのが九〇年ごろで、九一年にアイドルではないヤングアダルトたち(織田裕二、仙道敦子、的場浩司、和久井映見など）を使って、『就職戦線異状なし』を撮りました。ヒントにしたのは、『セント・エルモス・ファイアー』（八五年　ジョエル・シュマッカー監督、若手俳優が出演する、大学を卒業したばかりの友人グループの群像劇）です。

九〇年代にアイドル映画が衰退していくのは、アイドルのファン層が細分化し、映画館を満員にできる「国民的アイドル」がいなくなったことと、映画というメディアにアイドルを売り出す力がなくなったからだろう。八〇年代はアイドルと映画の最後の蜜月期だったのだ。

第七章

『コミック雑誌なんかいらない！』——再現不可能・世相を撃つ衝撃作

『コミック雑誌なんかいらない！』（1986年公開）カンヌ国際映画祭での内田裕也（中）、滝田洋二郎監督（左）、大島渚（写真　滝田洋二郎氏提供）

不穏な男・内田裕也

八〇年代の日本映画に殺気を走らせた俳優が松田優作なら、不穏な空気を漂わせた俳優が内田裕也だった。『餌食』（七九年　若松孝二監督）、『嗚呼！　おんなたち　猥歌』（八一年　神代辰巳監督）への主演を助走に、自らの企画・主演で『水のないプール』（八二年　若松孝二監督）、『十階のモスキート』（八三年　崔洋一監督）、『コミック雑誌なんかいらない！』（八六年　滝田洋二郎監督）、『魚からダイオキシン!!』（九二年　宇崎竜童監督）を世に問う。岡田裕のNCPは『十階のモスキート』と『コミック雑誌なんかいらない！』で内田と組んだ。

岡田　裕也さんとは音楽関係の誰かに紹介されて、僕がプロデュースした『実録不良少女姦』と『桃尻娘　ピンク・ヒップ・ガール』に出てもらいました。『十階のモスキート』は裕也さんがお金を集めてきて、NCPと共同製作したんです。

――この作品は、八〇年に仙台市で発生したクロロホルム連続暴行事件に着想を得た『水のないプール』に続いて、七八年に京都市で起きた現職の警察官が拳銃を盗み出し、郵便局に強盗に入った事件を取材した、内田裕也による「実録犯罪シリーズ」第二弾ですね。千葉県

君津市でロケした、崔洋一（『月はどっちに出ている』九三年、『血と骨』〇四年）の映画デビュー作です。ラスト、手錠をかけられながら内田裕也が一万円札を食べるシーンが話題を呼びました。

岡田　この映画はロケ中に問題が起きてね。裕也さんが企画・主役なのに、『戦場のメリークリスマス』（八三年　大島渚監督）にチョイ役で出ることになって、南太平洋のラロトンガ島（クック諸島）に行って二週間いなくなったんです。裕也さんは大島さんの指名に舞い上がり、崔は大島さんの（『愛のコリーダ』七六年の）助監督だから断れなかった。

千葉県君津市の駐車場に裕也さんが勤務する交番のセットを建てて撮影していたんですが、裕也さんが不在の間、その場所の持ち主がそこを選挙事務所にしたいと言い出した。それを断る交渉が大変でした。けれど、この映画は完成度も高く、収支は良かったですね。

滝田洋二郎監督でレポーターの映画を

八四年秋、ピンク映画「痴漢電車」シリーズで映画ファンに知られていた映画監督の滝田洋二郎は突然、内田裕也から電話をもらう。

滝田　僕がアパートで脚本を書いていたら、いきなり電話がかかってきて、「内田裕也です。あなたと映画をやりたいんだ」と。裕也さんとは面識はあったけれど、仕事をしたことはなかったんですが、僕のピンク映画、『連続暴姦』（八三年）や『真昼の切り裂き魔』（八四年）を観て気に入ったと。そのとき裕也さんが言ったのは、「『十階のモスキート』がフジテレビにすごくいい値段、八千万円で売れた。NCPがもう一本、俺とやることになったから、ヨロシク!!」と。

岡田　もう一本やるなんて、誰も言っていない。

滝田　裕也さんはそう思いこんだんです（笑）。「自分の映画が売れたんなら、すぐに俺に寄こせ。もう一本撮らせろ」と。「ついては一度会いたい。厚生年金会館で郷ひろみさんのショーのプロデュースをやっているので、その楽屋へ来てくれ」と。それで行きました。四方山話のあと、「どんな映画をやりたいんですか」と訊くと、「映画屋にそんな簡単に教えられっかよ。ゴジ（長谷川和彦監督）とかはよぉ、すぐ俺のアイデアを持ってこうとしやがる。映画屋にはすぐに話せねぇ」って言うんです。じゃ、今日、俺を何のために呼んだんだ。

そのとき、たまたま脚本家の高木（功）君と、他人の不幸に平気で土足で踏みこんでいくレポーターの脚本を考えていたんですね。『タイム・アバンチュール　絶頂5秒前』（八六年）の前のロマン・ポルノの企画で。裕也さんと何回か会ううちに、「レポーターの映画をやりたい」と聞いて、「面白いじゃないですか。ちょうど僕も同じことを考えてた」とすぐにノッたんです。

――それまでも滝田さんは、『痴漢電車　百恵のお尻』（八三年）の山口百恵の復帰騒動、『痴漢電車　ちんちん発車』（八四年）のロス疑惑（輸入雑貨商「三浦義和」《長友達也》が暴漢に襲われた事件に「週刊立春」が疑惑を抱く）などの〝時事ネタ〟を織りこんだピンク映画を撮っていますね。

滝田　そう。これらは高木功がいたからできた。高木は三八歳で早逝しましたが、ジャズとミステリーに精通した素晴らしいライターでした。彼は大阪で葬式のナレーションを書く仕事をしていて、脚本を書くときだけ、新幹線代を僕と折半して上京。僕の六畳・風呂なしのアパートで一緒に脚本を書きました。

――それで、内田裕也が「滝田監督でレポーターの映画を」と岡田さんに売りこんだんですね？

岡田　そんなちゃんとしたことじゃなかったな。裕也さんが知らないうちにNCPに入りこんできて、僕にかまわず勝手に映画を作り始めた。

奇跡のキャスティングを可能にした内田裕也の無軌道

滝田　当時、ＮＣＰは若手の起用や斬新な企画に貪欲だったし、作る作品がみんな当たっていた。それにこれからはキャスティングが重要だと思って、キャスティング専門スタッフ（笹岡幸三郎）を抱えていた。だから、僕はＮＣＰで仕事ができることがすごくうれしかったんです。

ＮＣＰの担当プロデューサーが海野義幸さん（『ラブホテル』〈八五年　相米慎二監督〉など）を製作）に決まり、挨拶に行くと、「ウチはいま、伊丹（十三作品）とかフジテレビで滅茶苦茶忙しいから、出資はするけど、制作はおめえのプロダクションで勝手にやっとけ」。ＮＣＰはふつう準備のためのスタッフルームを日活撮影所内に作るんですが、「自分で探してこい」と言われて、ピンク映画のロケでよく使っていた、新宿にあった外波山文明《とばやまぶんめい》（俳優、演出家）さんの劇団「椿組」の稽古場を借りて、そこを製作の拠点にしたんです。

キャスティングを笹岡さんにお願いしたら、「ダメダメ、忙しいから、お前が自分でやれ」と言われて。ＮＣＰの名前も使わせてもらえないから頭に来て、制作会社名を「頭脳警察」にしました（註・『コミック雑誌なんかいらない！』は社会派ロックバンド「頭脳警察」の楽曲のタイトル『コミック雑誌なんか要らない』から取った）。それで準備を始めて、ロケの道路使用許可を警察に取りに行ったら、「何だ、この頭脳警察ってぇのは。ふざけんじゃねえ」と怒られ、海野さんに言って、慌ててNCPの名前を使わせてもらったんです。

海野さんは同郷（富山県の出身）の先輩で太っ腹でほんとに良い人なんですが、「俺が何で、こんな『テレビ三面記事　ウィークエンダー』（七五〜八四年。下世話な事件を泉ピン子や桂朝丸（現・ざこば）が解説する日本テレビ系列の番組）みたいな〝キワモノ〟を担当しなきゃいけないんだ」っていう不満をありありと表し、「こんな企画、おめえ、映画になるわけねえだろ」とコボしていました。

でも、逆にそれがよかったんです。「キャスティングも勝手にやれ」って言われて、裕也さんが頭に来て、「よーし、わかった‼　岡田のヤローとケンカして、金いくらかかってもいいから、こっちでやるゾ」と、自分で郷ひろみから三浦和義まで電話した。出演してもらえませんでしたが、林真理子を追いかけ回し、所属事務所に連絡して「自宅がどこかを教えろ」とか、無茶苦茶やっていました。ビートたけしさんに出てもらおうと思って、たけしさんの草野球のチームに入って、裕也さんは野球をやっていました。結果、錚々たるキャストを一日仕事の「友情出演」ということにして、かえってお金が安く済んだんです。裕也さんに「お金ください」って言う人いませんから（笑）。

――脚本は内田裕也と高木功の共同になっています。

滝田　裕也さんが書いたのは最初のメモだけ。主人公の名前「キナメリ」は、マガジンハウスの「ａｎ・ａｎ」「ＰＯＰＥＹＥ」「ＢＲＵＴＵＳ」の編集長で、このあと（八八年に）社長になる木滑良久さんの苗字から取ったんです。裕也さんのメモを僕と高木が、中野の福屋ホテルにこもって脚本にしました。

キワモノと言われながら、きちんとした脚本は作ったんです。その脚本を裕也さんに見せるため、ホテルニューオータニに行きました。そのころ、裕也さんは「青木」という偽名でオータニのスイートに泊まっていて、フロントから「内田さんですか？」と部屋に電話すると、「青木って呼べ！」と裕也さんが怒るんです。部屋に入って、「こういうことになりました」と身ぶり手ぶり交えて僕と高木が脚本を説明する。裕也さんの意見が入った脚本を岡田さんに見せると、岡田さんは自分の意見だけをびしっと言って、「あとは滝田が決めることだ。監督の思った通りやればいいんじゃないか」と突き放した。岡田さんはその後も、けっして脚本や映画の悪口を言わない人で、それがかえって怖かったですね。

――脚本では、キナメリ（内田裕也）は早稲田大学を出てジャーナリストを目指し、田原総一朗に憧れている（テレビ局内で田原を羨望するシーンがある）。けれど、映画では田原は登場せず、早稲田大学が映されます。キナメリは志とは違って、日々芸能人のスキャンダル

を暴くレポーターで糊口をしのいでいる。けれど、最後は社会問題に立ち向かって行く、という展開ですね。

滝田　そう。裕也さん自身にジャーナリストに対する憧れがあった。デヴィッド・ボウイとか海外のロックンローラーは社会的なコミットメントをしている、俺もやんなくちゃ、と常々言っていました。

──題名の『コミック雑誌なんかいらない！』は、「頭脳警察」のセカンドアルバム『頭脳警察2nd』（七二年）に収録された曲から取ったんですね。

滝田　たぶん頭脳警察に許諾はもらってませんよ。裕也さんがPANTAは友達だからまあいいだろうと（笑）。

──PANTAがライブで、「これが『コミック雑誌』のタイトル料だ」と内田裕也が自分が着ていた革ジャンを脱ぎ、自分に着せた、と語っていました。

滝田　そういうことか。

ロス疑惑・三浦和義とのアドリブ

──クランクインが八五年六月二十一日、目黒サレジオ教会での神田正輝と松田聖子の結婚式。このとき配付された撮影台本（池島ゆたか所蔵）を読むと、その三日前（六月十八日）

に起きたばかりの「豊田商事永野会長刺殺事件」――詐欺商法で数万人に被害を与えた豊田商事会長が、マスコミ取材班の目の前で詐欺被害者の上司に当たる男二人に惨殺され、その光景がニュースで流れた事件がすでにラストシーンになっています。これはどういうことでしょう？

滝田　たぶん……事件が起きて、「これだ！」とひらめいて、刺殺現場にキナメリが飛びこみ、犯人（ビートたけし）と格闘するラストに書き換え、クランクインに間に合うように印刷したんじゃないかな。その前の稿のラストは覚えてないけど、キナメリが芸能事件じゃなく、「ウォーターゲート事件」（ニクソン大統領辞任につながる、元ＣＩＡ職員らによる民主党本部での盗聴を発端とする事件）みたいなスキャンダルを見つける展開になっていた気がします。

――この映画は、起承転結がはっきりした脚本に、撮影中に起きた事件が差し挟まれた構成。それに、事件の再現ドラマと実際の事件の現場に内田裕也が立ち会うドキュメンタリーが混淆しているところが面白い。こんな映画は他に類例がありません。たとえば、成田空港に「ロス疑惑」の三浦和義がグアム島から帰国し、本物のレポーターや取材陣が群がる中へ、レポーター役の内田裕也が飛びこんで行く。

滝田　三浦さんがゲートを出ると、何十台ものキャメラを持った報道陣がダーッと駆け寄っていくんです。僕が「行けッ！　行けーッ!!」と怒鳴っても映画のキャメラと裕也さんは弾き出され、前列に出られなかった。三浦さんに向かって、獣を狙うかのように食らいついていく本職の迫力には敵わないんです。それでもかろうじて撮り終え、スタッフルームに戻って、テレビのニュースを観ているうちに気付きました。報道陣のキャメラでも三浦さんを捕らえるのはほんの一瞬。その数コマがスローモーションで繰り返されるだけ。でも、その何コマかがすごく印象的なんですよ。なぜかというと、他人を押し退け、三浦さんのことをまったく考えず、最前列に躍り出る行為の緊張感の中で、観客の「見たい、でも見えない、何とか見たい……」という欲望をあおり、最後の数カットで観客の好奇心を満足させるからです。

観客は三浦さんの姿じゃなく、あの修羅場の喧騒と、報道陣の覗き見趣味と、他人の人権を踏みにじる光景を見たがっているんだな、と気付きました。この映画が狙わなきゃならないのはこれだ！　と思いましたね。

——現在にも通じる、大衆が本質的に持っている残酷さですね。

滝田　そう。それを映画が露にしなくちゃならないと。

——それを象徴するシーンとして、キナメリが「フルハムロード・ヨシエ」に不法侵入し、三浦和義に「あなたは有罪ですか無罪ですか。国民の皆さんに答える義務がある」と迫る。

三浦は「あなたが視聴者の代表なんてうぬぼれですよ。芸能レポーターが視聴者の代表だとか、誰がそんなこと規定したんですか。笑止千万だと思いますよ」と理路整然と反論し、キナメリのほうが「あなたは有実ですか、無実ですか」としどろもどろになる。

滝田　脚本に三浦さんのセリフは書かれていなかったんです。「裕也さんが店に入ってきて失礼な質問をしますから、お答えいただいて、必ず思いきりコーラを顔にぶっかけてください」とだけ指示し、あとはみんな三浦さんがその場で思いついた。

――あれが全部、アドリブとは驚きです。あのシーンには、三浦和義さんが持つマゾヒズムとサディズムとナルシシズムが映っていますね。

滝田　やっぱり、この人は何かを演じ続け、芝居をしながら生きてきたんだなと思いましたね。

山口組・一和会抗争を突撃取材

――成田以降、突撃シーンは上手くいったんですか?

滝田　突撃シーンではキャメラを覗いている暇がないから、キャメラマンの志賀葉一さんが、横についている小さいモニターを見ながら撮影できる「ムービーカム」という最新式の小型キャメラを借りてきた。それを抱えて群衆に突っこみ、もう一台のキャメラで、誰が何をやっているかがわかるように引きの画を押さえたんです。

「マスコミを批判できないな。自分も残酷だな」と思ったのは、抗争の渦中の山口組と一和会に裕也さんにインタビューに行かせるシーンです。僕はひそかに裕也さんがやくざに殴られることを期待し、というか明らかにそれを狙っていた。「てめえ、ぶっ殺すゾ！」と叫ぶやくざに近づく裕也さんのシャツの背中が汗でびっしょり濡れていました。裕也さんがやくざに殴られた瞬間、僕が「カット！　カット！」と大声で叫んで、踵を返す。やくざが撮影が終わったと思いこんだあとも、キャメラを回せと志賀さんに言っておいた。残念なことに、殴られる前に裕也さんが「以上、キナメリがお伝えしました」と逃げちゃった。

このあと、神戸の田岡邸の前で「ただいま山口組の本家前から中継しております」と話す裕也さんを撮影していたら、門の中から親分クラスの貫禄のやくざが飛び出し、裕也さんに向かってきた。何かあるぞと期待してキャメラを回していると、その親分が「裕也じゃねえか。元気か！」。裕也さんの幼馴染みだったんです。裕也さんは田岡三代目の堅気の長男の満《みつる》さんともポン友だと知りました。

──パトカーが撮影で必要なときに110番して呼んだ、と内田裕也が書いています（『内田裕也、スクリーン上のロックンロール』）。

滝田　パトカーが要るときには「誰か倒れています」と110番通報する。それはピンク

（映画）ではよくやる手です。パトカーはどっちから来るかわからないから、舗道の真ん中にキャメラを据えて、待っている。この映画は機動力があるピンク映画のスタッフだからできたんだと思います。

岡田　ピンクで鍛えられたということもあるだろうけど、滝田の良いところは度胸なんですよ。監督は経験が長くなるほど、面倒くさい撮影や、ややこしい場面は避け、これはやめておこうと自主規制する。でも、滝田は揉めごとや修羅場にもひるまず踏みこんでいくんです。この映画には滝田の度胸の良さが生きたけれど、撮影中は「映画が途中で止まると困るな」とだけ思っていました。

滝田　止まることはなかったけれど、どんどん長引いた。八五年は事件が多くて、八月に御巣鷹山の日航機墜落事故があり、九月に三浦和義の逮捕があり、事件のたびに脚本を書き足し、撮影が延びましたね。当初、二週間の予定が四ヵ月になった。

岡田　四千万円の予算が八千万円になった。

レポーターからミュージシャンに戻るエンディング

──キナメリが少女（麻生祐未）とキャッチボールする幻想シーンは脚本では「アパートの屋上」と書いてありますが、映画では川崎球場を借り切って撮影していますね。

滝田　誰かが「野球場、夜なら借りられそうだぞ」と言ったら、「それだ！」みたいなノリで、金のことなんか知らねえよみたいな。面倒なことが起きると岡田さんと裕也さんの二人に振って、喧嘩をしていただく。

岡田　毎晩のように裕也さんから電話がかかってきたね。

滝田　だけど、岡田さんはまったく動じない。本当の心の内はわかりませんけど、平然と構えている。

岡田　だって、映画って理路整然と作られるもんじゃないからね。わがままがぶつかり合ったりしながら、できるものはできるんだ、と思っていました。それに、僕は日活撮影所で決まりきった劇映画ばかり作ってきたから、こういう着地点がわからない映画がわりと好きなんですよ。

――映画のラスト、ビートたけしが子分を引き連れ、（豊田商事の）永野会長を刺殺する場面には怖気を震いました。どのように撮られたんでしょう？

滝田　撮影前日に、北品川のマンションでたけしさんなしのリハーサルをやっておいて、当日は二台のキャメラで一気に撮りました。

――たけしさんの子分役は「本職」でしょうか？

滝田　いや。大阪・道頓堀の松竹座の前にかつてあった「イヴ」という店のマスターの友人です。たけしさんが殺しを終えて廊下に出てきて銃剣を掲げるときの、晴れやかな笑顔がすごかった。この人はこうやって生きてきた人なんだ。やくざとか犯罪者という意味じゃなくて、この人は怖いところをくぐって生きてきた人なんだ、と感じました。翌年（八六年）十二月、たけしさんが家族や付き合っていた女性に対する写真週刊誌「フライデー」の執拗な取材に憤り、たけし軍団十一人を連れて、講談社の「フライデー」の編集部を襲撃するんですね。

――当時のマスコミの過剰取材への異議申し立て、という意味で、『コミック雑誌なんかいらない！』と「フライデー襲撃事件」は呼応し合っていますね。

滝田　図らずもそうなった。

──映画は、たけしに刺されて血塗れになった内田裕也が部屋から出て来て、マスコミに取り囲まれ、マイクを突き付けられ、「I can't speak fuckin' Japanese」と答える。このセリフは、元日本赤軍の岡本公三がテルアビブ事件で逮捕されたときに言った言葉だ、と内田裕也が語っています（『内田裕也、スクリーン上のロックンロール』）。

滝田　それは僕にはわからない。最初、僕はあのセリフを言わせることに抵抗があったんです。あのセリフがあると、裕也さんがレポーター役からミュージシャンである本人に戻っちゃうんじゃないかと。それで撮影の日まで随分迷ったんだけど、日本語でセリフを言うわけにはいかないし、あのセリフで正解でした。裕也さんは自分の見せどころを知っていたんですね。

ピンクをゴールドに変えた男

──この映画は山口組、一和会や三浦和義の描写があるため、東宝が「ちょっとヘビーで、うちではリカバーできない」と言うなど（「イメージフォーラム」八五年十二月号）、大手映画会社がことごとく配給を断ります。

滝田　「過激なキワモノ」と思われて、どこにも拾ってもらえなかったんですね。

──にっかつ試写室での試写会にも四人しか批評家が来なかった、と田山力哉が書いています（『田山力哉のカンヌ映画祭』）。

岡田　だから、NCPが自主配給しました。都内では池袋テアトルダイヤ、渋谷SPACE PARTⅢ（「パルコパート3」の劇場）、テアトル新宿、関内アカデミーで封切られ、全国で八館くらいがかけてくれましたね。

滝田　封切りの前の八五年十一月一日に早稲田大学の学園祭で有料試写会を開いて、そのあと、ニューヨークのMoMA（ニューヨーク近代美術館）で開催された「ニュー・ディレクターズ／ニューフィルムズフェスティバル」に招待されて、自前で金浦、アンカレッジ経由の一番安い大韓航空で初めての海外旅行に行ったんです。

アンカレッジで天ぷらそばを食ってさ。三、四回の上映でけっこう受け、「ニューヨーク・タイムズ」のヴィンセント・キャンビーに絶賛され、MoMAの追加上映でカンヌ国際映画祭関係者も気に入ってくれて、監督週間への招待が決まったんです。帰国したら裕也さんに「お前ひとりがニューヨークでスターになるのか！」とひがまれました。

翌（八六）年五月のカンヌ国際映画祭には、裕也さんと二人で行きました。この年のカンヌには、大島渚さんが『マックス、モン・アムール』（八六年）を、スパイク・リーが『シーズ・ガッタ・ハヴ・イット』（八五年）を、ジム・ジャームッシュが『ダウン・バイ・ロー』（八六年）を出品し、監督週間には森田（芳光）さんの『それから』（八五年）と僕の映画が出品されました。
　カンヌは観客の反応がダイレクトで、つまらない映画だとブーイングが飛び交い、半分以上の観客が途中で退席しました。スパイク・リーが上映前に会場の階段の入り口で震えているんです。裕也さんが声をかけると「怖くて、自分の映画を観られないんだ」と。大島さんですら上映当日にはまっすぐに歩けないほど朝から飲んでいました。それを見て、俺もまたブルブル来ちゃって。

『コミック雑誌なんかいらない！』の上映時の様子を田山力哉はこう書いた。

〈私は十五年来のカンヌの〝監督二週間〟でこれほど熱狂的な拍手を受けた例を知らない。場内はほぼ満席、若冠《ママ》二十九歳という滝田洋二郎監督は思いもかけず鋭利な雰囲気の貴公子で、「この映画にはサムライも芸者も出てこないが、これはまぎれもない今の日本である」と落ち着いて語り、ロックの神様、内田裕也のほうがかなりアガリ気味。しかしスピーチの最後に「ビバ！　ロックンロール」と叫んでリズムを取り喝采を浴びた。大島夫妻も二階の最前列に姿を現した。
　上映は大成功であった。……退場者は全く無く、皆が熱っぽく画面に没頭していた。ラストで裕也のキナメリのストップ・モーションになった瞬間に大拍手、スポットが浴びせられたが、裕也さんは座ったまま立てない〉(『田山力哉のカンヌ映画祭』)

滝田　ものすごいスタンディングオベーションに、僕と裕也さんが呆然としていると、後ろの席にいた大島さんが「立ちなさい！　立ちなさい！」って。で、二人して立つと、「手を振りなさい！　笑って！　笑いなさい！」。まるで〝二人羽織〟でした。大きく手を振る裕也さんの目に涙が溜まっていました。

『コミック雑誌なんかいらない！』は日本でもヒットし、ニューヨークでも、NY大学近くのダウンタウンの名画座で公開されました。高木功が毎日映画コンクールで脚本賞（内田裕也と共同）をもらったのは、やっぱりうれしかったですね。一見、ラフなことをやってるように見えて、きちんとしたシナリオだということを批評家は見てくれたんだと。

岡田裕の冒険主義が『コミック雑誌なんかいらない！』に結実した。そして、滝田洋二郎もまた、この作品の成功をきっかけに、『木村家の人びと』（八八年）、『僕らはみんな生きている』（九三年）といった社会派コメディを脚本家一色伸幸とのコンビでヒットさせ、二〇〇八年の『おくりびと』ではアカデミー賞外国語映画賞に輝く。アメリカの新聞は滝田を「ピンクをゴールド（アカデミー賞の楯の色）に変えた男」と評した。

第八章

『海へ　See You』――バブルに呑まれた高倉健の黒歴史

『砂の冒険者』（のちに『海へ See You』に改題、1988年公開）の製作発表にのぞむ主演の高倉健（中）、脚本の倉本聰（左）、藏原惟繕監督（写真提供　共同通信社）

藏原惟繕のモダニズム

八〇年代半ば、岡田裕のNCPはフジテレビ、日本テレビ、東宝との提携作品で順調に業績を伸ばした。オフィスは六畳一間からワンフロアに、そして赤坂一ツ木通り沿いのビルのツーフロアにまで拡張した。しかし、好事魔多く、八七年に岡田は妻をがんで亡くす。高校生と中学生の二人の子供を抱えて、社長兼営業担当の岡田はNCPの仕事を受注するため、昼はテレビ局や芸能事務所を飛び回り、夜は接待に明け暮れた。

そんな折、岡田裕のもとに「パリ・ダカールラリー」（世界一過酷といわれるクロスカントリーラリー）の創設者、ティエリー・サビーヌから「パリ・ダカの映画を作りませんか」と連絡が入る。これが、NCP、そして岡田の映画人生を揺るがせた、高倉健主演、藏原惟繕監督『海へ　See You』（八八年）の発端だった。

――岡田さんが「自分がもっとも影響を受けた映画人」と語っているのが藏原惟繕さんです。五七年にデビュー作『俺は待ってるぜ』（石原裕次郎主演）の無国籍的なモダニズムで注目を集め、裕次郎とのコンビで『銀座の恋の物語』、『憎いあンちくしょう』（ともに六二年）をヒットさせ、浅丘ルリ子の代表作となる『執炎』（六四年）、『夜明けのうた』（六五

年）、『愛の渇き』（六七年）で絢爛たる文体の文芸作品を撮ります。

岡田 『執炎』にフォース（一番下の助監督）でついたのが、クラさん（藏原）との出会いです。クラさんはクランクイン前に僕ら助監督に靴を買ってくれました。『執炎』で張り切って一生懸命働いていると、クラさんが「動くな。助監督というのはキャメラの後ろでじっと批判的に監督を見ていればいい。そのことが監督にとっていちばん刺激になるんだ」と言った。

そんなことを言う監督は他にいませんでした。「余計なことを言うな。そんなことより（キャメラの移動車の）レールを運べ！」と命じる監督ばかりでしたから。それどころか、クラさんは現場で助監督に演出の一部を任せた。「このシーンは君ならどう撮る?」「カット割りを考えてみろ」と。助監督は脚本を事前に勉強し、必死になって考えなければならない。ですから藏原組はすごく勉強になりましたね。

——藏原さんの映画は、日本的な情緒や湿り気を排除していますね。

岡田 そう。古い言葉を使えばバタ臭さ、モダニズムが横溢しています。たとえば、クラブの乱闘シーンを撮っても、松尾昭典さんや舛田利雄さんとは全然違う。『夜明けのうた』でスポーツカーが駐車場から上がってくるシーン一つとっても、流れるようなステアリングの感覚が伝わってきて、ヨーロッパ映画のような質感がある。

――藏原さんが横浜の自宅にマックス・ローチ・グループを泊めて、彼らに演奏させ、ラストにアビー・リンカーンの歌う『25セントのブルース』が流れる『黒い太陽』（六四年）は秀逸なジャズ映画ですね。

岡田　クラさんは根っから「映画の人」。つまり映画を主義主張ではなく、音楽と画だけで語ろうとしていました。クラさんは大竹海兵団に入団し、肺浸潤で入院した広島県大竹町（現・大竹市）の海軍病院の窓から原爆投下を見た戦中派世代なんですが、保守主義者でもなく、当時のインテリがする左の考え方をちらりともせず、撮影所の中でも浪花節的な付き合いはしないんです。

『栄光への5000キロ』（六九年）

――六七年に藏原惟繕は日活を退社し、石原プロで『栄光への5000キロ』を撮ります。このとき、藏原さんは岡田さんをチーフ助監督に指名しました。

岡田　六六年のサファリラリーで、日産チームを監督としてクラス優勝に導いた笠原剛三さんの『栄光への5000キロ　東アフリカ・サファリ・ラリー優勝記録』という本をクラさんが見つけた。この表紙が、夕暮れのヨーロッパのラリー場道をとぼとぼと日本人の若者が恋人らしき女性と歩いてくる写真で、そのビジュアルにクラさんはいたく感動して、これを絶対映画化するんだと。クランクインの前、裕次郎さんと北原三枝さんは僕とコマサ(小林正彦)さんを料亭に招いてくれました。僕らを上座に座らせ、「絶対に事故がないようにしてくれ」と頭を下げました。石原裕次郎はそういう人なんですよ。

──この映画の白眉はラリーシーン。その間に裕次郎を待つファッションデザイナー、浅丘ルリ子の描写が挟まります。

岡田 裕次郎とルリ子の関係は、ヨーロッパを転戦するカーレーサーとスイスのサナトリウムにいた女性の関係を描いたエリッヒ・マリア・レマルクの小説『天は寵児を知らない』からヒントを得ています。クラさんはこのレマルクの小説をずっと映画にしたかった。

──『天は寵児を知らない』はこのあと、『ボビー・デアフィールド』(七七年 アル・パチーノ、マルト・ケラー主演、シドニー・ポラック監督)として映画化されましたね。

岡田 『ボビー・デアフィールド』でマルト・ケラーが熱気球に乗ってアル・パチーノの元から飛び去るシーンや、『コンドル』(七五年)のフェイ・ダナウェイが撮った空虚な風景写真など、七〇年代のシドニー・ポラックには、クラさんの映画と同質の「文学的な観念性」があったね。

藏原惟繕は日活作品ではオープンカーの描写が巧く、『栄光への5000キロ』でサファリラリーを、『海へ　Ｓｅｅ　Ｙｏｕ』でパリ〜ダカール・ラリーを撮るなど、車へのフェティシズムがある。その理由を、藏原惟繕の実弟で、『不良少女　魔子』（七一年）の監督、『南極物語』（八三年）のプロデューサーである藏原惟二はこう解き明かす。

藏原　兄（惟繕）はボルネオ島のクチン市（現・マレーシア・サラワク州）で生まれ、八歳までいました。父親が日沙商会（大正期に隆盛し、昭和金融恐慌で破綻した商社、鈴木商店の海外事業会社）というゴムを栽培・製造する会社の技術者だったからです。兄が生きているころ、一緒に兄の生地に行きましたが、そこは熱帯雨林のジャングルの真っ只中。歩いていると冷たいものが首や肩に落ちてきて、見ると血を吸った蛭が膨らんでいました。そこからクチンという都会に出るには、船で川を下って一泊しなければならなかった。兄が子供のころ、オランウータンが遊び相手。街に出たら車のガソリンの匂いを嗅いで回ったそうです。兄の車好きは、タイヤの原料のゴムを生業とする家に生まれたことと、ガソリンを文明の香りと思って育ったことと関係があると思います。監督になってからはずっとポルシェに乗っていました。

――『栄光への５０００キロ』も『陽は沈み陽は昇る』も『海へ　Ｓｅｅ　Ｙｏｕ』も沈む夕陽から始まります。

藏原　赤道のすぐ北、ボルネオで見た真っ赤な夕陽が原風景としてあったんじゃないかな。

それに、私たちの叔父が藏原伸二郎という詩人で、私も兄も叔父に文章の手ほどきを受けました。

――一九三九年の第一詩集『東洋の満月』が萩原朔太郎や川端康成に激賞され、戦争中に国粋主義的な戦争詩を書いたことを愧《は》じて、戦後は埼玉県飯能市に隠遁しながら詩を書いた人ですね。

藏原　『キタキツネ物語』（七八年）や『南極物語』（八三年）にいたる大自然との一体感という兄のテーマには、日本浪漫派の詩人であった伸二郎の影響が少なからずあると思います。

――藏原伸二郎の最後の詩集『定本　岩魚』（六四年）の中の「狐」の連作は明らかに『キタキツネ物語』の発想の泉源になっていますね。

藏原　それに、『憎いあンちくしょう』（六二年）のラストで石原裕次郎と浅丘ルリ子が抱き合う阿蘇山は、藏原家の先祖が神官を務めた阿蘇神社がある場所なんですよ。兄は小説家では三島由紀夫が好きで、『愛の渇き』の公開後、三島さんから電話がかかってきて、「今まで俺の作品を映画化した中で、君のがいちばん良かった」と言われて、舞い上がっていました。

岡田裕は付け加える。

岡田　そうしたクラさんの環境が、日本人離れした感覚を形成したんだと思います。クラさんは日本の下町や庶民の生活を理解できないし、撮れない。最後の貴族のような風貌で、家へ行くと十九世紀の椅子に座っている。クラさんが、終戦後に平壌から引き揚げてきたパキさん（藤田敏八）や上海生まれのノブさん（脚本家の山田信夫）と気が合ったのも、同じ海外育ちだったからかも知れない。インターナショナルでコスモポリタンなクラさんが日本を飛び出し、海外で映画を撮り始めたのは必然だと思います。

藏原惟繕自身は『栄光への5000キロ』の撮影をこう語っている。

〈僕は無謀な撮り方をするほうで、とにかく突っ込んでいく。そのかわり、万が一の時は責任とらなきゃならないから、キャメラマンと一緒にボンネットに身体をくくりつけて撮りました。裕ちゃんはプロデューサーとして事故なんかあったらと、心配なはずなのにそんなことはひと言も僕には言わない。言ったら僕の思いが引いていくだろうと察してくれたんでしょう……当時の金で二億、それがアフリカ・ロケでほとんど使い果たされた。あれは勝者と敗者を同じ視点で見つめていこうというドラマで、敗者の部分は切ってしまうかどうかという判断を迫られた時に裕ちゃんはひと言。「藏さんやりましょう」〉（『日本映画が一番熱かっ

た時代　映画・裕次郎がいた』)

岡田　クラさんは現場で、裕次郎さんを即興演出するんです。景色を見ていてひらめくと、「裕ちゃん、そこだ、早く行けッ！　何でもいいから口を動かしてろ！」。裕次郎さんにアドリブで芝居をさせ、それをキャメラで写し撮る。撮れた映像をもとに、編集で脚本を作り直すんですね。裕次郎は凄い人で、それを受けて立つ。けれど、キャメラマンの金宇満司さんは非常に腹を立てた。「何を狙ってるのかわからない」と金宇さんが文句を言うと、クラさんは「俺にもわからない。わからないから撮るんだッ！」。

──撮影現場で素材を集め、編集室で映画を作っていったんですね。

岡田　クラさんはテレビの紀行番組『日立ドキュメンタリー　すばらしい世界旅行』(六六～九〇年　牛山純一プロデュース）で世界各国の民族の文化や風習や宗教を撮ってから、ドキュメンタリーのようにドラマを撮る作風に変わっていった。

『栄光への5000キロ』は六九年七月に渋谷パンテオン、新宿ミラノ座など全国主要都市の洋画系でロードショーされ、配給収入六億五千万円の大ヒットとなり、『南極物語』にいたる藏原惟繕の海外ロケ大作がここから始まる。

しかし、編集の際、現行のラストシーンは要らない、とかたくなに主張する石原慎太郎と対立し、慎太郎の意見を退けたことから、藏原は以降、石原プロに足が向かなくなり、ふたたび裕次郎と仕事をすることはなかった。

藏原は『栄光への5000キロ』でロケしたケニアのサバンナの光景に魅了され、七〇年に自らのプロダクション「アルタミラ」を設立、浅丘ルリ子主演、アンナ・カリーナ共演のフランス、アフリカロケ作品『象の殺される日に』（未映画化）を企画する。七〇年六月号の「シナリオ」誌に掲載された馬場当《まさる》による脚本を読むと、主人公の浅丘は女優役。財閥の領袖である年上の夫を持ち、同世代の脚本家の恋人がいて、逢瀬を重ねているところは『夜明けのうた』の続篇の趣がある。夫は浅丘の愛人の存在に気づき、フェラーリに彼を乗せて、詰問するうちに衝突事故を起こし、夫だけが死ぬ。この脚本でも車が登場人物の生殺与奪の権を握っている。脚本家はロケのためにアフリカに行き、浅丘は彼のあとを追う。すべての登場人物が人生に退屈し、死と戯《たわむ》れている。観念的で文学的なこの企画は海外ロケの費用がかかることから、松竹が降りて頓挫する。この企画以降、藏原が浅丘と映画でタッグを組むことはなかった。

ヒッピー映画での惨敗

藏原惟繕の次回作は『陽は沈み陽は昇る』（七三年）となる。日活がロマン・ポルノの間に撮った、これも海外ロケ作品（日活創立六十周年記念作品）。岡田裕が企画を務め、パリからインドのベナレスまで、日本人（大林丈史）とアメリカ人男性（グレン・H・ネーバー）とイタリア人女性（ローズマリー・デクスター）がバイクと車で旅するアメリカン・ニューシネマ風の作品である。

岡田 これは僕の企画でね。クラさんとノブさん（脚本家の山田信夫）と話し、ヒッピーの持つ自由さを、ほとんど無名の俳優三人が「桃源郷」を目指して旅する話を通して描こうと。通常のロマン・ポルノの予算である七百五十万円の十倍以上の八千万円、撮影には七十五日かかりました。これは僕の映画人生の中で、一番しんどい思いをした映画でした。

七二年に一ヵ月かけて、クラさん、ノブさん、主演の大林丈史、僕の四人で、パリからインドまでロケハンに出かけました。パリからイスタンブールまでは鉄道で行けましたが、あとは陸路を延々と、路線バスとタクシーを乗り継いで移動したんです。僕は、翌年の撮影のために、それぞれの都市の官庁に行って許諾を取り、ロケ隊の宿泊先や移動の手配をして、クラさんとノブさんは脚本の取材をしていました。毎晩安宿に泊まり、イスラム圏内では酒もなく、濁った水を飲んでいたせいか、ノブさんがインドで高熱を出して、あわてて日本に帰したんです。クラさんは何を食べても平気で、いつも悠然とコンテを考えていました。

翌年の撮影でいちばん大変だったのは、一トンの機材、二十二人のスタッフを引き連れ、各国の国境を通過することでした。僕が次の撮影場所に先乗りし、受け入れ体制を作って、撮影隊を国境まで迎えに行って、手続きをして国境を通す。これがなかなかスムーズに捗らず、針の筵の上に座らされているような毎日でした。

――この映画は公開直前、アフガニスタン人男性たちにローズマリー・デクスターがレイプされる場面に対し、アフガニスタン大使館から「母国に対する誤解を招く」と抗議があり、映画がアフガニスタンで公開される前に「自由な創作である」と断りの字幕が入ります。

岡田　西洋人が現地の人たちにとって大切な井戸を無断で使ったことへの報復として描いたんですが、配慮が足りなかったですね。何か事件があるといけないと、クラさんと僕の家の前に警察の護衛が付きました。

七三年四月に東京は東宝スカラ座、横浜は相鉄映画、大阪は梅田スカラ座、千日前セントラルなど洋画系の劇場で公開したんですが、初日に恐る恐る行ったら、場内に人っ子一人いない。中近東の土埃ばかりが映っている映画だからでしょう。

『南極物語』の記録的成功

――『陽は沈み陽は昇る』から十五年後、『雨のアムステルダム』(七五年)、『青春の門　自

立篇』(八二年)、『春の鐘』(八五年)などの劇映画を撮り、『キタキツネ物語』、『南極物語』で大ヒットを飛ばした藏原監督と『海へ　See You』でふたたび組みます。

岡田　八五年に「パリ・ダカールラリー」のティエリー・サビーヌから連絡をもらったとき、『栄光への5000キロ』で行ったケニアとウガンダの光景が蘇りましてね。アフリカとそこで繰り広げられる「パリ・ダカールラリー」のカー・レースの映画に食指を動かされたんですよ。ちょうどそのころ、プラザ合意(八五年九月)のあとで、急速な円高が進み(プラザ合意前日の一ドル=二百四十二円が八八年初めには一ドル=百二十八円になる)、海外ロケが安くできるなという思惑もありました。それで、さっそく調査を始めて、パリ・ダカに毎年参加している三菱自動車にコンタクトを取ったんです。

そんなとき偶然にも、「健さんがラリーものをやりたがっている」と、高倉健主演作品を『駅　STATION』(八一年)から『居酒屋兆治』(八三年　ともに降旗康男監督)までプロデュースした田中壽一さんから話があった。健さんからも「お会いしたいのですが……」と連絡をもらい、都内のホテルで会うと、健さんは『栄光への5000キロ』の成功のことも、『陽は沈み陽は昇る』で僕が中近東を死に物狂いで歩いたこともみんな知っていて、その上で僕に「ラリーもののプロデューサーをお願いします」と頼んできた。「パリ・ダカはどうでしょう?」と僕が提案すると、「それはいいですね」と健さんの目が輝きました。

けれど、二人の間にパリ・ダカをどう扱うのかといった具体的なものは何もなくて、それから一年かけて話し合いました。健さんは裕次郎さんのようにざっくばらんな性格じゃないから、最初は互いの腹の探り合いでしたね。何度か会って、ポツリポツリと話をするうちに、健さんは「豊かな映画を作りたいんです」と呟いた。「これまで自分は耐える人間を演じ続けてきたけど、たとえば『ローマの休日』（五三年　ウィリアム・ワイラー監督）のような豊かさを持った、作る側も観る側も幸せな感じになれるような映画を作りたいんだ」というようなことを話し出したんです。

これには僕も同感だったし、これで基本線は決まったと二人は思い、健さんと相談して、監督は健さんが『南極物語』で組んだ藏原さんに、脚本は健さんが『冬の華』（七八年）、『駅　STATION』で仕事をした倉本聰さんに決めたんです。倉本さんが脚本を書いた『月曜日のユカ』（六四年　加賀まりこ主演、中平康監督）の助監督は僕だったし、『北の国から』（八一年〜）で「螢」役を演じた中嶋朋子を五年かけて撮った、倉本聰の唯一の監督作品『時計　Adieu l'Hiver』（八六年）も僕がプロデュースして、倉本さんとは懇意でした。

――当時、日本映画で最高の五十九億円の配給収入を挙げた『南極物語』の高倉健と藏原惟繕のコンビにテレビ界の巨匠の倉本聰。盤石のスタッフィングですね。

岡田　ヒットしないほうがおかしい座組だった。

――この映画の準備中（八七年七月）、石原裕次郎が五十二歳で逝去します。「亡くなる十日くらい前に、裕ちゃんの夢を見ましてね。『栄光への5000キロ』を一緒に見ようと言われる夢なんですけど」と藏原さんは語っています（『日本映画が一番熱かった時代　映画・裕次郎がいた』）。

岡田　裕ちゃんだけじゃなく、クラさんも、僕も、『栄光への5000キロ』のヒットの夢をもう一度見ようとしていた。

――原案がジョゼ・ジョバンニ。ジョバンニはフランスの作家、脚本家、監督。第二次大戦中、犯罪組織に身を置き、ゲシュタポに協力したことから、戦後、死刑を宣告されますが、大統領恩赦で五六年に出所。その後、自らの体験を踏まえた小説に基づき、『暗黒街のふたり』（七三年）、『ル・ジタン』（七五年）などを監督します。

岡田　ジョバンニが健さんのファンで、健さんも知り合いだったから、原案をお願いしたら、「健のためなら」と快く引き受けてくれたんです。ただ、僕も健さんもジョバンニ原作の『冒険者たち』（六七年　ロベール・アンリコ監督）が好きだったから、きっとジョバンニにその話をし過ぎたんでしょう。半年後に上がってきた『砂の冒険者』という題名のプロットは「『冒険者たち』のその後」といった色合いが強く、『冒険者たち』同様、イタリアの男性とフランスの女性と健さんの三人が主人公。三人がアラブの独立運動に関わる冒険活劇でした。これを倉本さんにどう脚本化してもらうかな、と思ったときに、アラブ問題はアクチュアルだけれど、それを視野に入れたらパリ・ダカから離れる、と僕が判断して、人物設定と物語の色合いは残して、あとは倉本さんにオリジナルで書いてもらうことにしたんです。

――倉本聰の脚本にある、高倉健、フィリップ・ルロワがかつていしだあゆみをともに愛したという設定に、『冒険者たち』の余香、ジョバンニのプロットの残滓がありますね。

岡田　実はフィリップ・ルロワの役は最初、『冒険者たち』のリノ・ヴァンチュラに依頼していた。ところが、リノ・ヴァンチュラがクランク・インの一ヵ月前に急死するんです。

重なる誤算

――それは惜しい。高倉健とリノ・ヴァンチュラの共演だったらまったく違った映画になっていましたね。

岡田　これが最初の躓《つまず》きだった。次の誤算が脚本でした。倉本さんが書き始める前に、倉本さんと健さんとクラさんと僕で、ヨーロッパやアフリカにロケハンに行った。北海道の倉本さんのお宅でも四人で打ち合わせを丹念に重ねたんですが、クランク・イン直前になっても倉本さんの脚本が上がらなかった。

――脚本を読むと、高倉健は伝説のレーサーで、現在は砂漠でリタイアして捨てられたラリー車の残骸を拾い「車の墓碑」を建てている。この設定は、八六年にヘリコプターの事故で死亡するティエリー・サビーヌを偲んでテネレ砂漠に墓碑が建てられた事実に基づいていますね？

岡田　たぶんそうです。

――物語は、パリ・ダカールラリーを前に、日本のチームがラリー車に併走してラリーをサポートするカミオンのドライバーを高倉健に依頼する。『栄光への５０００キロ』の石原裕次郎はカーレーサーであるのに対し、『海へ　See You』の高倉健はレースチームのサポーターであるところが弱いですね。

岡田　（当時）五十七歳の健さんにレーサーの役は無理だった。

――高倉がラリーのサポートを承諾し、ラリー車はパリをスタート、物語が動き出す。そのラリーに高倉の前妻のいしだあゆみや、日本から逃げてきた人気歌手の桜田淳子が加わり、高倉がラリーチームの内部分裂を取りまとめて、パジェロをダカールまで完走させる――という粗筋ですが、『栄光への５０００キロ』に比べてプロットがはるかに煩雑ですし、出発点からゴールまで前へ前へと進んでいくべきカーレースの話なのに、レースの合間に登場人

物たちの回想が頻繁に入り、話が停滞する。

岡田　桜田淳子の売れっ子タレントが、海外に逃亡し、偶然、ラリーのカミオン（トラック）に紛れこみ、寝ているところを高倉健に発見される。そして、桜田淳子と健さんはたまたま北海道の炭鉱町の出身で、北海道の回想になるところは、倉本さんらしい脚本だった。八〇年代の映画だから、女性観客にアピールしなきゃならないと、いしだあゆみ、桜田淳子といった女性の役割を大きくしようと倉本さんは思ったのかも知れないけれど、女性が物語の彩りに留まっている。

――そう思われたのなら、なぜ脚本を直さなかったんですか？

岡田　残念ながら直す時間がないまま、八七年十一月に岐阜、北海道ロケからクランク・インせざるをえなかった。

――総予算はどれくらいだったんでしょう？

岡田　東宝は当初、五億円しか出さないと言ったんです。シビアな東宝はいままでの高倉健の配収の実績から見て五億円の出資しかできないと。そこで、僕が東宝に、ＮＣＰもある程度出資します、別の出資者を見つけてきますと言って、東宝の製作費の枠が七億円まで上がったんです。けれど、映画は厳密に見積もると七億円ではとうてい上がらなかったんです。一方、東宝は七億円が限度だと。クランク・インがどんどん迫ってくる中、僕は足りない

二、三億円を出資してくれるスポンサー探しに奔走し、高倉健が三菱自動車のコマーシャルをやっている関係から、ある広告代理店に頼んで、三菱自動車に大量の前売り券を売ってもらうことにした。このころはバブル経済の絶頂期で、三菱が前売り券を買ってくれると信じた。それで二、三億円調達できる見こみになり、予算が合った。ところが、三菱の前売り券の話がクランク・イン後に成立しなくなったんです。

――その段階で、キャンセル料を払って映画を延期か中止することはできなかったんでしょうか?

岡田 できなかったね。

――不足分の二、三億円はNCPが背負いきれる金額だったんでしょうか?

岡田 現在から冷静に振り返ると、危うい賭けだったと思う。しかし、そのときは予算を縮小して走るしかないと思った。

――脚本が読めるプロデューサーである岡田さんが、出来が良くないこの脚本に賭けたことが腑に落ちません。

岡田 たぶん、藏原惟繕監督、倉本聰脚本、高倉健主演の三つを組み合わせた場合、絶対に当たると僕は確信してしまったんだろう。時代がイケイケどんどんのバブル期だったことも、僕の背中を押したんだと思う。

八七年十二月下旬に国内ロケが終わり、撮影隊がパリに入り、クリスマスのパリの情景などを撮った。ここまでは順調だったんです。八八年の一月一日午前零時にヴェルサイユ宮殿前からスタートするパリ・ダカに特別にエントリーして、出発シーンを撮影しようとしました。けれど、この年のパリ・ダカは荒れていた。前年にティエリー・サビーヌが急逝し、運営委員会が分裂し、混乱していました。撮影隊もその余波をもろに受けて、カーナンバーが決まらない。スタート時間も決まらない。ロケハンのときとはまったく状況が違っていました。

――映画のサポーターだったサビーヌが亡くなったことがさらなる誤算だったと。高倉健はラリーのスタートのときのことをこう語っています。「観衆は異常な興奮のなかにある。大会側が混乱しているのでスタッフもあたふた。自分の判断でギアを入れたけど、一瞬、身に危険を感じた」（「キネマ旬報」八八年五月上旬号）。

岡田　誤算はそれだけじゃなかった。撮影は実際のラリーを追う一方で、ポイント地点に先回りして、到着する車を入れこんでの実景風のシーンを撮る手はずになっていて、そのために半年かけて研究しました。けれど、ラリーは想像していたよりスピードがあり、しかも苛酷だったんです。それに当初予定していたヘリコプターからの空撮が運営委員会から「レースに支障をきたす」という理由で禁じられてしまった。ヘリコプターは使えず、軽飛行機でラリーを追ったんですが、地上との距離がありすぎて、僕らの狙った画は撮れない。そうした見こみ違いが続出しましたが、ラリーで撮った画は使わざるを得ない……。

クラさんもこの映画では完全に自分を見失っていました。キャメラマンと二人で撮影隊を離れてラリーを撮りに行く。その間、置いてきぼりにされたスタッフが休んでいると、クラさんが怒って帰ってきて、「撮る瞬間を逃してしまったじゃないか。お前らが付いて来ないからだ!」と怒鳴り散らす。こんなことの繰り返しで、しだいにスタッフと心が離れていった。

暴走と空中分解

——『栄光への5000キロ』や『南極物語』のすさまじい現場でも平静を保っていた藏原監督が、なぜ『海へ See You』では自分を抑制できなかったんでしょう?

岡田 年齢(当時六十一歳)のせいなのか、体調が悪かったせいなのか、クラさんはあるときから病気みたいに尋常じゃないプッツンをするようになった。

キャメラマンの佐藤利明さんはクラさんの大学(日大芸術学部)の同級生で、ドキュメンタリー番組のエキスパートだけれど、健さんとはまったく合わなかったんです。健さんという大スターを撮るキャメラマンにはさまざまな気遣いが必要なんですが、彼はそんなことはやったことがない。健さんからすると、佐藤さんが何を狙っているかがわからない。「何で俺がこんなことをやらなきゃならないんだ」という不満が積み重なっていった。

――石原裕次郎なら耐えられた？

岡田　裕ちゃんなら受けて立ったろうね。彼には度量がある。しかし健さんは裕ちゃんじゃなかった。

――どこかで態勢を立て直すことはできなかったんでしょうか？

岡田　何度も立て直そうとしたんですが、クラさんが「ラリーを再現して撮り直す」と言い出したことで、すべては終わった。そうなれば予算が膨らみ、僕が首を吊らなきゃならなくなる状況に追いこまれる。だから、「いままで撮った膨大なフィルムの中からラリー場面を編集してくれないか」と頼んだんです。いままで寝食をともにしてきたクラさんのためにやってきた中で、「駄目だ」と言うとは正直、思ってもみなかった。だけど、クラさんは「いやだよ」とそっぽを向いた。「ラリーを再現しなきゃ、俺の映画にならない」と。

――プロデューサーの権限で、監督が主張するラリーの再現を止めることはできなかったんですか？

岡田　そうすれば、間違いなくクラさんは降板し、映画はここで瓦解した。

それから僕は、ラリーでリタイヤした車を一台一台買い取って、それを港に集めて船に載せた。地中海に出て、チュニジアで降ろして、その奥の砂漠でラリーの再現シーンを撮りました。最初の予算の七億円が九億円にまで膨れ上がりました。

──そうした中、藏原さんと健さんの関係もしだいに悪化した……。

岡田 それがそうでもなかった。日本に戻って、にっかつ撮影所でラッシュを観るとき、健さんは他人に会いたくないから、真夜中に撮影所にやって来る。健さんを待っていて、クラさんも一緒に観る。二人はラッシュを観て、感極まって涙を流し、抱き合ったそうです。

──『海へ See You』は完成が当初の公開日に間に合わなかった、と聞いています。

岡田 編集も録音も遅れに遅れ、加えて、配給の東宝が上映時間を短くしてくれ、と言ってきた。毎晩深夜まで、東宝の責任者と僕とクラさんでこのことを話し合ううちに、ある晩、クラさんがテーブルの灰皿を床に叩きつけた。それが業界に面白おかしく伝わって、クラさんが東宝の堀内實三さん(のちの専務)に灰皿を投げつけ、出入り禁止になったことにされた。思い出したくもない悲惨な毎日でした。

結局、封切り日に間に合わず、翌週の水曜日に公開しました。東宝の信用は失くし、お客さんも来なかった。予算オーバーした二億円を全額NCPが負担することになりました。

──それで、NCPは持ちこたえられたんですか?

岡田 状況を聞いて、にっかつの根本さんや石原プロのコマサ(小林正彦)さんがNCPに仕事を降ろして（発注して）くれました。ＮＣＰが苦手なテレビドラマもコマサに口をきいてもらってずいぶんやりました。けれど、ＮＣＰは立ち直れませんでしたね。

——岡田さんを生きるか死ぬかまで追いつめ、ＮＣＰを傾けた藏原さんを恨んでらっしゃいますか？

岡田　恨んでいないと言ったらウソになるね。でも、藏原さんとは『海へ　Ｓｅｅ　Ｙｏｕ』よりはるか以前、『執炎』からの付き合いなんです。藏原さんには嫌なところがいっぱいある。あまり頭の良い人じゃないかも知れない。生き方が器用とはけっして言えない。けれど、クラさんは映画を撮ることでしか生きられない。映画でしか才能を発揮できない。『夜明けのうた』でオープンカーが駐車場から地上に上がるときのステアリングや、『執炎』で余部《あまるべ》鉄橋（山陰本線）の上から傘が舞い落ちていくカットはあの人にしか撮れない。クラさんを否定することは、僕が考えている映画の素晴らしさを否定する気がするんですよ。『海へ　Ｓｅｅ　Ｙｏｕ』は惨憺たる結果に終わったけれど、僕はいまでも、クラさんは凄い、映画史でのクラさんの評価は低すぎると思っています。

岡田は藏原と命運をともにし、『海へ　Ｓｅｅ　Ｙｏｕ』は二人の夢の墓碑銘、バブル経済期の日本映画を代表する失敗作となった。この映画は、どれほどキャスト、スタッフにヒットメーカーを揃えようと、いったん歯車が狂えば、映画は瞬く間に崩解するという、映画の怖ろしさ、ままならなさを後世に教訓として伝える。

高倉健はこの後、『ブラック・レイン』（八九年　リドリー・スコット監督）で松田優作とともにハリウッドに名をはせ、『鉄道員《ぽっぽや》』（九九年　降旗康男監督）で二十億円の配収を挙げ、マネーメイキングスターとして復活を遂げる。

藏原は念願の『風の盆恋歌』（高橋治原作）を撮れぬまま、二〇〇二年に病没するが、監督としての評価は東京フィルメックスが〇八年に特集上映を開催するなど、次第に高まりつつある。しかし、上映される作品は日活時代に限られ、岡田が製作した『海へ　ＳｅｅＹｏｕ』が顧みられることはない。

製作中の高倉健（中）、倉本聰（左）、藏原惟繕（写真　岡田裕氏提供）

第九章

『1999年の夏休み』『天と地と』——ニッチな佳作と「製作委員会方式」の時代へ

『1999年の夏休み』（1988年公開）（©1988日活／アニプレックス）

単館系のヒット作が相次ぐ

八〇年代には個性的な「ミニシアター」が次々にオープンした。七〇年代以前にも、アート系の映画を上映する「新宿文化」、「日劇文化」（ATGの専門館）や「エキプ・ド・シネマ」シリーズによって世界各国の埋もれた映画を紹介する「岩波ホール」があったが、八一年に、一脚七万円の豪華な椅子を設置、食べ物は持ちこみ禁止、当時は珍しかった定員入替制で立ち見なしの「シネマスクエアとうきゅう」が『ジェラシー』（八〇年　ニコラス・ローグ監督）を柿落としにオープン、成功したのをきっかけに、八二年に「ユーロスペース」、八三年に「シネ・ヴィヴァン・六本木」、八五年に「シネセゾン渋谷」、八七年に「シャンテ・シネ」、八九年に「Ｂｕｎｋａｍｕｒａ　ル・シネマ」などが開館した。

作家やテーマに関心のあるコアな観客層に加えて、「おしゃれな映画をおしゃれな映画館で観たい」女性客を幅広く集め、『モーリス』（八七年　ジェームズ・アイヴォリー監督）、『ベルリン・天使の詩』（八七年　ヴィム・ヴェンダース監督）、『ニュー・シネマ・パラダイス』（八九年　ジュゼッペ・トルナトーレ監督）といった単館系のヒット作が生まれた。女性客の増加に寄与したのは、安原顯《けん》編集長の「マリ・クレール」、淀川美代子らが編集長を務めた「ａｎ・ａｎ」などの女性誌の映画記事の充実だった。

日本映画でも、『さらば愛しき大地』（八二年 柳町光男監督）がシネマスクエアとうきゅうで、『ゆきゆきて、神軍』（八七年 原一男監督）がユーロスペースで、『木村家の人びと』（八八年）がシネスイッチ銀座で公開され、興行的に成功を収めた。

岡田裕は『海へ See You』と並行して、少女漫画の金字塔ともいうべき萩尾望都の『トーマの心臓』（七四年）に着想を得た『1999年の夏休み』（八八年 金子修介監督）をソニービデオソフトウェアインターナショナルとの提携で製作し、松竹系のミニシアター「松竹シネサロン」で公開した。単館系の劇場公開、ビデオ販売、テレビ放映で製作資金を回収しようとしたのだ。

『1999年の夏休み』（八八年）

岡田 『1999年の夏休み』も『櫻の園』（九〇年 中原俊監督）も亡くなった成田尚哉の企画なんですよ。八五年のある朝、成田から電話があって、「今から行ってもいいですか」という。僕が朝食を作って待っていると、やってきた成田は居住まいを正して「にっかつを辞めることにしました。NCPに入れてください」と言いました。NCPで『1999年の夏休み』や『櫻の園』を企画した成田を見て、伊地智啓が「岡田のそばには素晴らしい才能がいるね」とうらやましがりました。

――『1999年の夏休み』の時代は近未来。舞台は森に囲まれた全寮制の学院。少年の一人、悠（宮島依里）が湖に飛びこみ自殺をする。悠は和彦（大寶智子）に思いを寄せ、それを和彦が拒絶したからです。夏休みに入り、ほとんどの生徒が帰郷する中、和彦、直人（中野みゆき）、則夫（水原里絵、現・深津絵里）の三人は寮に残る。そこへ悠とそっくりの少年がやって来る。この少年は何者なのか……という物語です。

岡田　四人の少年をすべて女優に演じさせた金子（修介）の野心作ですが、当初、この映画で共同製作することになっていたエグゼ（『帝都物語』〈八八年　実相寺昭雄監督〉などを製作した西武百貨店系列の会社）が急に降りて、NCPが製作費を数千万円立て替え、クランクイン直前にソニービデオソフトウェアインターナショナル（『鬼滅の刃　無限列車編』〈二〇二〇年〉を東宝と共同配給したアニメ、ソーシャルゲームの制作会社「アニプレックス」の前身）の出資が決まるという、これも薄氷を踏む思いで製作した映画でした。

『1999年の夏休み』の監督、金子修介にこの映画の成り立ちを聞いた。

金子　八四年の春ごろ、『遠雷』や『家族ゲーム』を製作したATGの佐々木史朗社長から「金子、何かやりたいものはないか」と声をかけられ、少年もの、連合赤軍がらみなど企画をいくつか推したなかで、『トーマの心臓』みたいなものはどうかと言ったのが残ったんです。僕は中学生時代からヘルマン・ヘッセの「ギムナジウム」（ドイツでの中高一貫教育）ものに感じ入り、『トーマの心臓』は高校時代に一緒に8ミリ映画を作っていた女友達に勧められて読み、大学（東京学芸大学）時代の先輩の押井守さんも「文学としても傑作」と言っていました。

佐々木さんから話があったころ、僕はちょうど、少年が祖母を殺して自殺した実際の事件をモデルに『冬の少年たち』（未映画化）という脚本を城戸賞やATG脚本コンクールに応募したところで、少年の自殺について考えつめていたこともあって、『トーマの心臓』と結びついたんです。「世界のどこにもない映画を作りたい」と思っていた僕は、企画の最初から、少年役を少女に演じさせたいと思っていました。

──それはなぜでしょう？

金子　十代初めの少年少女の恋愛って肉体性が伴わない場合が多いと思う。それにそのころの少年は、少女だけじゃなく少年を恋することもある「アンドロギュヌス（両性具有）」の存在ですよね。ですから、肉体的な性のない年齢の少年を少女に演じさせて、性を消し去り、性を超越しようとしたんです。コミックの少年は少女にも見えるし。

それに、日本映画はリアリズムが基本ですが、アンチ・リアリズムのひたすら美しい映画を作ろうとしました。「男子の役を女子に演じさせる、声だけを男子に吹き替える」というアイデアに成田尚哉さんが乗ったんです。最初は、国家のエリート養成所を舞台にした、百人くらいのクローン人間の少年たちが登場するSF的設定を考えていました。

――原作者の萩尾望都さんには会われましたか？

金子　無謀にも萩尾さんに手紙を出し、萩尾さんとマネージャー、小学館の編集者と僕との四人で会いました。いま言ったような案を話すと、萩尾さんは「映画化するのはかまわないけど、『トーマ』とはテーマが違うから、作品の設定を応用したという意味で『翻案』としてください」とおっしゃり、その後も「『トーマの心臓』をタイトルにしないでください」と言われ続けました。けれど、映画は気に入っていただいたと思われ、パンフレットにも寄稿してくださいましたね。

――全三巻の原作をどのように「翻案」したんでしょう？

金子　原作の構造だけを借りて、原作の主要人物と脇役を重ねたりして四人の話にしぼりました。男子役を女子が演じるウソは、登場人物が百人だと破綻するとわかり、夏休みに寮に残った三人のところへ一人が転校してくるという限定した時間の構成を思いついて成田さんに話すと、演劇的構成に優れた劇作家、脚本家の岸田理生さんを紹介され、脚本がなんとか出来た。岸田さんの稿には大人も出てくるので、それを僕が消しました。イメージキャストとして、のちに自殺する岡田有希子、売り出す前の八木さおりや後藤久美子を思い描いていました。

ところが、八六年に『野ゆき山ゆき海べゆき』（大林宣彦監督）がコケて、佐々木さんがATGを辞めてしまう。そこでATGとNCPの提携の話がなくなるんですね。そこからどうやって映画が成立したかは岡田さんがおっしゃる通りですが、エグゼが降りて、NCPのプロデューサーの八巻晶彦さんから「製作中止にせざるをえない」と言われました。そのときすでに、オーディションで選んだ四人の少女の髪は切ってしまっていた。そこで押井守さんに電話して、紹介してもらったバンダイのルートから、ソニービデオソフトウェアインターナショナルに肥田光久さんという変わった人がいて、その人なら面白がってくれるんじゃないかとつないでもらい、肥田さんが半額出資を決めてくれたんです。クランク・インの二週間前のことでした。

――最初の稿では、「和彦が学院の外へ出て行き、ラジオで第三次世界大戦の始まるかもしれないことを知る」ラストになっていた、と押井守さんが語っています（『１９９９年の夏休み』パンフレット）。

金子　この映画を企画した八〇年半ばには「世紀末感」が漂っていました。「ノストラダムスの大予言」で人類が滅びるとされる九九年七月が近付いてきたこともあり、明るい八〇年代がやって来たけれど、この先には暗澹たる未来、ディストピアが待ち受けている、という終末観を子供から若い世代は信じ始め、僕自身もそんな気がしていました。そういう「明るい終末の予感」みたいな意味もこめて『１９９９年の夏休み』というタイトルにしたんです。

撮影の高間賢治さんがフランソワ・トリュフォー監督の「ロウソク三部作」(『恋のエチュード』七一年、『アデルの恋の物語』七五年、『緑色の部屋』七八年)の向こうを張って、ランプや蛍光灯の光源を使いました。美術の山口修さんが「懐かしい未来」を表現してくれました。

『１９９９年の夏休み』は公開当時からファンクラブが結成され、デビューアルバムの楽曲を提供した音楽の中村由利子がこの映画にちなんだコンサートを開き、いまだファンが増え続けている。製作三十周年に当たる一八年にデジタル・リマスター版が公開されたケイズシネマには連日、長蛇の列が出来た。

広がる映画事業の裾野

八九年、『１９９９年の夏休み』の成功に続いて、岡田裕は自分たちで映画館を持ち、大手映画会社では成立しない企画、新人監督の登用など継続的な映画製作を目的とした「アルゴ・プロジェクト」を立ち上げる。

岡田 八〇年代に入ると、東宝、松竹、東映の大手映画会社三社はリスクのある映画製作を減らし、当たりそうな映画を見つけて自社の映画館にかける興行中心の会社になっていきました。八〇年代後半には、各社は年間十二〜十三本の番組を僕らの独立プロダクションに下請けに出し、僕らは大手興行会社の掌の上でいわば生き残りゲームをさせられているようなもので、一本作品がコケるとたちまち首が回らなくなってしまいます。

一方、僕ら独立プロダクションが自力で映画を作っても、大手三社の興行網に乗ることはまずありませんでした。こうした状況のなか、「このままでいいのか」と疑問を感じ、「プロデューサーに主体性は必要ないのか」と思って、ATGを辞めた佐々木史朗と一緒に、伊地智啓に社長になってもらい、製作・配給・興行という三つの機能を持ち、しかも六人のプロデューサーの作品が次々と公開される「アルゴ・プロジェクト」を立ち上げたんです。

『海へ　See You』の失敗で僕は死にかかりました。首吊りする勇気はないにしても、家族や映画やすべてを捨てて、好きな競輪と競艇を追いかけて日本全国を放浪しながら果てようかと真剣に考えていました。ところがアルゴの話が持ち上がり、お前はもう少し映画のことをやれという啓示を受けた気がした。これが僕の最後の挑戦だと思いました。

——六人のプロデューサーとは、伊地智啓（キティ・フィルム）、佐々木史朗（シネマハウト）、増田久雄（プルミエ・インターナショナル）、山田耕大（メリエス）、宮坂進（ディレクターズ・カンパニー）と岡田さんですね。

岡田　一本の矢はすぐに折れるけれど、六本の矢を束ねれば、興行主導型の日本映画に風穴を開けられるんじゃないかと。

　まずは直営館を持とうと探していたところ、武蔵野興業が新宿に新しいビルを作り、そこに「新宿武蔵野館」が三館できるという耳寄りな情報が入ったんです。さっそく武蔵野興業に、武蔵野館の一つをアルゴの旗艦館にできないかと交渉しました。

——同じころ、「シネスイッチ銀座」がフジテレビの映画の専門館になっていましたね。シネスイッチ銀座は八七年にオープン。興行会社の籏興行、配給会社のヘラルド・エース、テレビ局のフジテレビが一体となって配給・興行に携わる新しい運営形態のミニシアターでした。『南極物語』や『子猫物語』といった大作と並行して作られたフジテレビの低予算（八千万円前後）の映画、『木村家の人びと』、『ジュリエット・ゲーム』（八九年　鴻上尚史監督）、『誘惑者』（八九年　長崎俊一監督）といった作品を年に二、三本公開していました。

岡田　フジテレビとシネスイッチ銀座のことは、当然、頭にありましたね。新宿駅から直結し、三愛の入っているビルにある武蔵野館なら、シネスイッチ銀座のようなサロン的なミニシアターになるだろうと。けれど、武蔵野興業と改装費の負担問題で折り合いがつかず、武蔵野館を借りる話は流れてしまうんです。

――この話が流れたのは、東宝が武蔵野館に圧力をかけたからだという噂があります。『海へ See You』で封切りを遅らせた岡田さんと、東宝の要望を蹴ってATGの社長を辞めた佐々木史朗さんが中心のアルゴに劇場を貸すな、と。これは本当でしょうか？

岡田 東宝はけっして「やめろ」と劇場に命令するような会社じゃないですよ。けれど、大マーケットを持つ興行会社として、「単館なんてそうは儲からないから、やめたらいかがですか。お客さんもアルゴのようなものを求めていないですよ」と武蔵野館にやんわり助言するくらいのことはあったと思いますね。

――最終的に、アルゴはにっかつから新宿南口の元ロマン・ポルノ館を借り、「シネマアルゴ新宿」と名前を変えます（同時期に大阪にも確保）。馬券売り場とパチンコ屋に取り囲まれた雑然とした場所の地下にあるシネマアルゴは、正直、「サロン」のイメージとはほど遠く、女性客が入りにくい雰囲気でしたね。

岡田 残念ながらそうだった。けれど、僕は逆にファイトが湧きましてね。劇場の周りの環境まで変えてしまうほどインパクトを持った作品を作ろうと思いました。

幸いなことに、ちょうどそのころ、アルゴの旗揚げのことを新聞記事で知ったサントリーが声をかけてきたんです。サントリーは文化事業の一環として映像事業をやっていました。海外での映画投資を目的に八七年に伊藤忠、ＴＢＳと共同で「ＣＳＴコミュニケーションズ」を立ち上げ、マイケル・Ｊ・フォックス主演の『再会の街　ブライトライツ・ビッグシティ』（八八年　ジェームズ・ブリッジス監督）など三本に投資した。同じ年に、ビデオ販売会社の「ビデオチャンプ」をＴＢＳブリタニカ、読売広告社との共同出資で設立し、アルゴ・プロジェクトへの参加は映像事業の第三弾だったんです。サントリーの参入でアルゴの経済的な基盤が固まりました。

――八〇年代後半は、八九年のソニーによるコロンビア映画の買収や、九〇年の松下電器のＭＣＡ（ユニバーサル映画）の買収など、大手企業が二十一世紀の映像ソフト確保を視野に入れた買収が相次ぎましたね。セゾングループも『火まつり』（八五年　柳町光男監督）、『人間の約束』（八六年）、『嵐が丘』（八八年　ともに吉田喜重監督）、『千利休　本覺坊遺文』（八九年　熊井啓監督）などの映画を製作し、前述の「シネ・ヴィヴァン・六本木」「シネセゾン渋谷」や「銀座テアトル西友」などの映画館をオープンし、興行事業に乗り出しました。

岡田　八〇年代のメセナの先駆けが文化財団を持つサントリーでした。サントリーが五〇パーセント、僕ら六人が五〇パーセント出資し、二千万円の資本金で「株式会社アルゴ」を設立しましてね。アルゴ作品の一本あたりの製作費がだいたい一億五千万円。このうち最低六千万円はNTVのテレビ放映権と「ビデオチャンプ」のビデオ化権によってあらかじめまかない、残りの九千万円の半分ずつをサントリーと製作を担当するプロデューサーが負担するというビジネスモデルができ上がったんです。

アルゴ・プロジェクト第一弾『レディ！レディ　READY！LADY』（八九年　薬師丸ひろ子、桃井かおり主演　太田圭監督）が公開され、以降二十本を超えるアルゴ作品が製作される。

「ロッポニカ（にっかつがロマン・ポルノのあとに始めた一般映画路線）が潰れて、アルゴで日本映画の企画の幅が広がった。いい風が吹いてきたと思った」と荒井晴彦は思い返す。荒井はアルゴに関川夏央の小説『「名探偵」に名前はいらない』を提案し、『ありふれた愛に関する調査』（九二年　榎戸耕史監督）として映画化された。

──岡田さんのアルゴ第一作が『ノーライフキング』（八九年）です。原作はいとうせいこうの同名小説。小学校四年の高山良が、最後まで解かないと自分も家族も死ぬ、呪いがかかったゲームソフトに「戦士」として仲間とともに挑んでいく物語です。日本映画で初めて、

ファミコン、ディスクシステム、PCエンジン、メガドライブなどの電子メディア環境を詳細に描写し、ソフトに「死」のイメージが氾濫し、小学生たちが自分たちの未来がけっして明るくないことを察知している。アルゴの中でもっとも尖鋭的な企画でした。

岡田　CMディレクターの市川準さんの第一作『BU・SU』(八七年)と第二作『会社物語』(八八年)がすごく面白かったから、原作を脚本家のじんのひろあきに薦められ、これを市川さんでやりたいと思いました。鈴木さえ子の母親が良かった。ストーリーに関係がないカットを丹念に拾い、描写を淡々と積み重ねていく、なんだか写真集みたいな映画だったね。

――ラストで「外に出てみてください。リアルですか?」という言葉に誘われ、家を出た高山良が目にする、市川監督が詳細なコンテを書いた、十分におよぶ夕暮れの街の映像のコラージュが非日常的な美しさに満ちていました。このシークエンスを、高山が電子メディアを捨てて日常に戻ったと見るのか、電子メディアによって変容した新たな日常を生き始めたと見るかで、この映画の評価が分かれますね。

岡田　人によって解釈が違う作品だからいい、と思ったんだけれど、この映画は当時のお客さんには通じなくて、当たらなかった。みんながバブル経済の好景気に浮かれているときに、ゲームの中に死を見つめる少年の映画は関心を持たれなかったのかな。

少年たちの予知は当たり、彼らは「ロスジェネ世代」になり、大震災や大不況に見舞われる。三十五年後の現在を予見しているかのようでもある。

時代の空気をつかむ

岡田が次にプロデュースした『櫻の園』(九〇年　中原俊監督)は吉田秋生の同名漫画が原作。ある女子高校演劇部の、『櫻の園』開演までの二時間の舞台裏の騒動を通して、それに翻弄される少女たちの複雑な感情と切なさを描く。この映画は岡田が関わった作品として、『家族ゲーム』、『お葬式』に続いて三度目の「キネマ旬報」ベスト・テン第一位になり、毎日映画コンクール日本映画優秀賞、報知映画賞などでも作品賞に輝いた。

『櫻の園』がどのようにできたか、監督の中原俊に聞いた。

中原　成田尚哉が吉田秋生のコミック『櫻の園』は映画にならないかな、と言ってきて、じんのひろあきに脚本を書いてもらいました。じんのは演劇の台本の形式で書いてきたんです。そのころ僕は芝居にはまっていて、どっかで芝居の人と連携できないかと考えていたこともあって、「こういう演劇みたいな映画もあってもいいのかな」と思ったんです。NCPのプロデューサーの笹岡幸三郎に相談すると「これは面白い。絶対やろう」。

岡田裕はアルゴの企画会議での反応をこう語る。

岡田　じんのの脚本は反対意見が多かった。「ドラマティックじゃない」「淡々としすぎている」「面白くない」と。僕は、女子高生の日常を濃やかに描きながら、それが演劇を通じて非日常に転換していく優れた脚本だと思ったけれど、他のプロデューサーは、単なる日常でしかないと受け取ったんですね。けれど、成田が原作の力を信じていたのと、笹岡、中原の熱意に打たれて、反対を押し切りました。

――前半はつみきみほの喫煙が発覚したため『櫻の園』が上映できるかどうかわからないサスペンスで引っ張り、後半は中島ひろ子、白鳥靖代、つみきみほの三角関係に収斂していく。ラストは『櫻の園』の幕が上がったところで、芝居はあえて見せないで終わる構成でした。

中原　じんのの脚本が実に良かった。女優は全員オーディションで選ぼうと決めました。まだ売れていない女優を探そうと、私が劇団を回って、笹岡がタレント事務所に声をかけて、二百人くらいオーディションしたかな。

――中島ひろ子、白鳥靖代、つみきみほを始めとするキャスティングが行き届いてますね。ラスト近く、記念写真を撮りながら中島が白鳥に思いを打ち明け、白鳥がそれを受けとめ

る。二人の会話を立ち聞きしていた、白鳥のことが好きなつみきが煙草に火をつける場面の、つみきのせつなさに胸を衝かれます。

中原 リハーサルに二ヵ月かけました。週に二日か三日、演劇の人たちが使っている教会や稽古場を借りて、最初から映画のリハーサルをやると芝居が固まってしまうから、体操や発声練習やその場で思いついたことを即興でやらせたりしていました。あとで考えると、映画と同じように「演劇部」を作ろうと思っていたんだね。全員の中に演劇部というムードができて、それから映画のシーンを演じてもらいました。

——演劇部の部室をセットに組んで、あらゆるキャメラアングルから女優の仕草を濃やかに拾う。このプランは当初からあったんですか?

中原 いや。セットを作る予算がないということで、最初はロケ場所を一生懸命探していた。そうしたら笹岡が「これはセットを作らなきゃ駄目だ」と言って、お金を調達してきて、それで調布の日活撮影所の中に演劇部の部室のセットを組んだんです。笹岡の意見がなければ違う映画になっていたかもしれない。

撮影が進むにつれ、若い女優さんたちがどんどん変わっていくんですよ。キャメラの藤澤順一さんが「顔が変わってきたよ」と毎日、言っていました。

——封切りで観ましたが、「シネマアルゴ新宿」が満席でした。

中原　お客さんは入ったね。最初に来たのが、女子高生の生態を覗きに来た中年のサラリーマン層。次に女優のファンの若い男性、最後に若い女性が観にきてくれました。

　岡田は付け加える。

岡田　『櫻の園』を観た映画の宣伝部に勤める女性から、「日本映画に絶望してたけれど、こういう映画が出てきて、日本映画に関わっていることを誇りに思った」と言われたことを覚えています。

――映画『櫻の園』は原作にある、女性の生々しさやセクシャルな感覚を消し去っていますね。

岡田　それは中原の体質、作家的な資質じゃないかな。

――『1999年の夏休み』と『櫻の園』は、男らしさ、女らしさといったセクシャリティを煩わしく思い、ユニセックスになりたい九〇年代の「気分」をつかんだ映画で、いまもこの二本が好きだという女性がたくさんいます。

岡田　僕は『遠雷』も『家族ゲーム』も『ダブルベッド』もそうだけれど、その時代の空気が入っていて、その時代の観客に届けばそれでいいと思ってきました。同時代の観客に愛されれば、これらの映画はそのあと忘れ去られてもいいと。

『櫻の園』のヒットをきっかけに、東京にシネマアルゴ新宿あり、海外の映画好きが日本に来て、シネマアルゴ新宿に行くと、今の日本を表現している映画が観られる――そんな劇場に、アルゴをしようとあらためて思ったんです。

岡田裕と中原俊の次回作、三谷幸喜の戯曲の映画化『12人の優しい日本人』（九一年）は作品的にも興行的にも成功する。『死んでもいい』（九二年　石井隆監督）はディレクターズ・カンパニーが倒産し流れかけるが、伊地智と岡田らが出資して完成。ギリシャ・テッサロニキ国際映画祭で最優秀監督賞を受賞し、丸の内シャンゼリゼなど都内三館に拡大公開されヒットした。この後、アルゴ・プロジェクトは、石井隆の『ヌードの夜』（九三年）、『夜がまた来る』、『天使のはらわた　赤い閃光』（ともに九四年）を立て続けに製作する。「石井隆の劇画は映画的なんで僕は大好きだったんですよ。石井をサポートしていた成田（尚哉）越しにずっと石井を見守っていました」と岡田は述懐する。

しかし、岡田が製作した『渋滞』（九一年　黒土三男監督）など、『櫻の園』『12人の優しい日本人』『死んでもいい』以外のアルゴ作品はことごとく観客が入らず、九四年にアルゴはサントリーから劇場部門の赤字解消策を迫られる。岡田は家主のにっかつに劇場賃料の値下げを要望するが、にっかつは劇場撤退を決定し、九五年一月に「シネマアルゴ新宿」は閉館を余儀なくされた。

マーケット意識の欠如

――「アルゴ・プロジェクト」が失敗した原因は何だったんでしょう？

岡田　最初に、東京大阪の二館だけじゃなく、もっと上映館を増やし、マーケットを広げるべきだったかも知れない。それに、企画を六人の合議制で決めていたんですが、各自が自分の思い入れで企画と製作を主張するだけで、配給や興行の話をほとんどしないまま進めた。売り上げの基盤は興行のはずなのに、自分たちの作品のマーケットを見つけ、いかに興行とマッチングさせるかという考えが足りなかったですね。

さらに、会議では他のプロデューサーの作品を批判しながら、最終的にはそれぞれの責任で企画を通してしまったから、作品に統一性がなくなり、内容もバラバラな映画が送り出され、「アルゴ・レーベル」のはっきりしたカラーを打ち出せなかったのが敗因かも知れない。

シネマアルゴ新宿が閉館したあとも、岡田裕は株式会社アルゴを継続した。「反日映画」と見なされ上映反対運動が相次ぎ、上映館が中止を決定した『靖国』（〇七年　リ・イン監督）を敢えて火中の栗を拾うかのように配給し、ＬＧＢＴ映画の先駆け『火星のカノン』

（〇一年　風間志織監督）や、萩原健一の降板が話題となったが、紛れもない傑作『透光の樹』（〇四年　根岸吉太郎監督）や、岡田の映画人生の集大成ともいうべき、ベトナムとの合作『ベトナムの風に吹かれて』（一五年　大森一樹監督の遺作となった）などを製作する。

しかし、川崎市市民ミュージアムに委託していたアルゴ・プロジェクト作品の上映フィルムが、一九年十月の大型台風によるミュージアムの浸水で損傷。『ノーライフキング』、『櫻の園』、『夜がまた来る』以外のすべてのアルゴ作品のフィルムが失われた（アルゴの事務所に保管されていたフィルムはすべて国立映画アーカイブに寄贈された）。現在、岡田裕の後を引き継いだ熊谷睦子が、アルゴ作品をネガからフィルムに、ブルーレイやＤＶＤに復活させようとしている。

『天と地と』――渡辺謙と松田優作の生と死

時間を少し巻き戻し、八九年十一月七日、岡田裕は『天と地と』（九〇年　角川春樹監督）のラインプロデューサーとして大分の湯布院にいた。『天と地と』は、角川春樹の持つエンタテインメント志向、文学性、信仰の三つが混然一体となったフィルムで、総製作費五十五億円を四十八社から募るという、九〇年代以降の「製作委員会方式映画」の初期におけるもっとも大きな試みだった。

岡田　この映画は、上杉謙信を渡辺謙が演じ撮影が進んでいました。吉野で桜のシーンを撮ったあと、謙信と信玄の「川中島の合戦」のシーンをカナダのカルガリー高原で撮影していたとき、渡辺謙さんの目にものもらいができましてね。彼を地元の病院に連れて行きました。僕が食事をしてホテルに帰ると、フロントに「映画の責任者は直ちに病院に来てくれ」という書き置きがあります。あわてて病院に駆けつけると、連れて行かれたのは「キャンサーセンター（がん病棟）」。「ものもらいではなく急性骨髄性白血病だ。すぐに治療が必要だ」と医者から言われました。治療にはおよそ一年半かかると。

すぐに治療なんて冗談じゃない。白血病なんて思ってもみなかった謙さん自身に、それに家族に、監督にも伝えなければならない。さっそく角川さんと相談して、謙さんが外科治療で治る病気だったら、半年間撮影を休んで、延期することができるけれど、謙さんの白血病はいつ完治して、現場に戻れるかが分からず、降板してもらうしかなかった。東京の知り合いに電話して、「病院はどこがいいか」と訊いて、新宿の病院に入院させることにしました。

僕が謙さんを連れて、カルガリー高原からバンクーバーまでチャーター機で飛んで、バンクーバーからJALで羽田に着いて、そのまま新宿の病院に入ってもらいました。

それからの一週間はほとんど寝られませんでしたね。カナダでは撮影隊が主役の出ない場面を撮影するかたわら、僕は東京ですぐに代役探しを始め、馬に乗れて、ある程度のランクの俳優を探しました。

角川春樹は松田優作に白羽の矢を立てる。〈優作とはその年の正月に会ってたんです。『天と地と』の撮影でカナダに行くんだ」と言うと、「やめてくれ。行ったら社長は死んでしまう気がする」と優作が泣くんです。おかしいな……とこのとき思いましたね。謙が降板したあと電話して「代役はどうだ?」と訊くと、「エキストラの騎馬隊の一人なら」とやんわり断られました〉(『最後の角川春樹』)

岡田　優作も駄目で、代役候補を三人にしぼって、カナダにいる角川さんに「面接してください」と頼んで、日帰りで日本に来てもらいました。羽田のホテルに面接用の部屋を用意して、三人の候補の俳優さんはそのままカナダに行ってもらうかも知れないから、パスポートを持ってくるように頼み、トンボ返りで帰って来た角川さんに面接してもらいました。

そこで謙信役を榎木孝明に決めて、同時に渡辺謙の病気降板をプレス発表しました。そのことを不安がる渡瀬恒彦ら共演者たちを「映画は代役を立てて継続するから大丈夫だ」と説得してカナダに送り出し、僕も榎木孝明を連れてカナダに発ちました。カナダに到着して、ロケ地に戻って、スタッフを集めて、いままでの経緯と、榎木の主演で明日から撮影を再開することを告げ、それでくたびれはてて、バーに飲みに行ったんです。

ゆっくり眠ろうとホテルに戻ってきたら、武田信玄役の津川雅彦さんのマネージャーの女性から「すぐに来てくれ」。津川さんの部屋に行くと「違う俳優を相手に、明日からすぐに芝居はできないよ」。ひと晩中、懸命に津川さんを説得し、シンクロ（同時録音）は無理だと言うので、アフレコ（後から声を入れる）にすることで納得してもらい、翌朝、何とか現場に来てもらい、角川さんにそれを伝えて、やっと撮影が再開されたんです。

それから、霧が晴れてくる間に「オンベイシラマンダヤソワカ」という真言の大合唱が流れ、そして静から動へと流れるように移り変わる戦闘シーン、筏による水軍、女性の騎馬武者隊、諏訪太鼓を叩きながら全滅する神軍などを撮りました。戦国時代の戦闘アクションシーンとしては歴史に残る名場面ばかりだったと思います。そこには角川春樹さんの死生観が滲んでいました。

日本に戻って、湯布院でロケしているときに、電話があって、松田優作が四〇歳で膀胱がんのために亡くなったことを知らされたんです。八九年の秋、渡辺謙は幸い快方に向かい、松田優作は亡くなった。生と死が交錯した『天と地と』は忘れられない映画ですね。

『天と地と』は九〇年代の「製作委員会システム」の先駆けであり、八〇年代を席捲した角川映画の掉尾を飾る超大作となる。九三年に角川春樹が麻薬取締法違反、関税法違反、背任横領の容疑で逮捕され、春樹による角川映画が終焉するからだ。

そして、八八～八九年にかけて、以降の日本映画を支える新人監督、石井隆、瀬々《ぜぜ》敬久、北野武、阪本順治が陸続とデビューする。その後の日本映画は、東宝、東映、松竹が映画をほとんど製作せず、配給会社となることで生き延び、九〇年代はアニメ作品しか当たらず低迷するが、九八年の『踊る大捜査線　THE　MOVIE』の大ヒットから、テレビ局が自社のテレビシリーズを映画化し、テレビスポットを使って宣伝してヒットさせるビジネスモデルが確立する。そして、二十一世紀に入って東宝が日本映画のシェアを独占し、二〇〇六年頃から日本映画の配給収入が外国映画を上回る「邦高洋低」の時代が到来し、一〇年代後半には日本映画の配収が大きく外国映画を引き離し、現在に至る。

松田優作との永い別れ

九〇年十二月三日。岡田裕は東京池袋のサンシャイン劇場の客席にいた。

岡田　舞台には「クラブＤＥＪＡ＝ＶＵ（デジャ・ヴ）」と看板がかかる、埃っぽいうら寂しい雰囲気のバーが設えられ、黒服の従業員たちがバーカウンターにかけられた布を取り払い、椅子や机をセッティングし、シェードランプを灯しました。そこへ内田裕也がふらりと入ってきて、いきなり歌い始め、歌い終わると黙って出て行く。この店の従業員らしい水谷豊が客に向かって、この店を今日で閉めることを、この店の中でさまざまな出会いと別れがあったことを、そんな人々との触れ合いを愛したマスターは、なぜか今日は来ないことを静かに語ったんですね。『松田優作・メモリアル・ライブ、クラブ・デジャヴ・ワン・ナイト・ショー』はそんなふうに始まりました。

この一夜のショーを企画・制作したのが黒澤満さん、構成・演出したのが崔洋一。水谷豊の感情を殺した語りに象徴されるように、この晩、皆が叫び出したい熱いハートを抑制のきいた表現に高めていました。宇崎竜童が『DEJA-VU』を、石田えりと原田美枝子が『マリーズ・ララバイ』を、シーナと鮎川誠が『夢・誘惑』を、白竜が『ルポルタージュ』を、それぞれ思いをこめて真っすぐに歌った。この店の雇われママ、桃井かおりが登場し、今日ここに来られないマスターのことを話しました。今朝、久しぶりに泣いたというかおりは、ともすれば突き上げる情念によって抑制された表現を破られるかというすれすれのところで、熱く静かに喋り始めました。

マスターのために、みんなが、清純に演じているのがうれしいとかおりは言った。斎藤ネコのヴァイオリンのイントロでかおりが歌う『アメリカ』。そしてマスターの親友、戦友、兄貴である原田芳雄が登場し、この夜のステージは最高潮に達しました。原田の息子の喧太のギターで歌う『ヨコハマ・ホンキートンク・ブルース』。竹田和夫が、エディ藩が、新井英一が、仲野茂が、世良公則が、そして最後にBOROが『天国は遠くの町』を歌う。次々と登場し歌う彼らの歌を聴きながら、僕は何度もこみ上げてくる熱いものをこらえていました。

彼らと関わったいくつかの映画のシーンが走馬灯のように脳裏を駆け巡った。原田芳雄が「ウイ・ラヴ・ムービー！」とシャウトしたとき、僕は嗚咽をこらえられなくなりました。この晩が、僕にとっての一九八〇年代のフィナーレだった気がしますね。

終章　現代社会が失った冒険主義、能天気さ、多様性、一途さについて

「八〇年代とは何だったのか?」——本書を締めくくるにあたって、取材した監督、脚本家たちに訊いてみた。

根岸吉太郎は八〇年代をこう思い返す。

根岸　あまり年代論というのを考えたことないんですけど。八〇年代はちょうど曲がり角。けれど時代が直角に曲がるんじゃなくて、その前の六〇年、七〇年をちょっと引きずりながら次に受け渡していくような時代だったと思います。

その意味で、ものすごく面白い時代だった。デジタルじゃなくてまだアナログ。アナログだけど新しい時代をみんなが感じ始めた時代だと思うんですよね。アナログで現在よりもみんな不自由だったけれど、いろいろな考え方が新しくなっているというのかな。とくに女の人の、他人《ひと》との距離の保ち方とか、性に対する考え方とかがゆるやかに変わっていったんですよね。

七〇年代って、やっぱり女の人が性に対してとんがっていた。僕らが描いたロマン・ポル

ノでも、タブーを破るとか、他人のやらないことをやって、これが私の生き方だと、女の人が肩肘張って生きていた。飲み屋なんかでも、素人の女の人がけっこう平気で胸出したりしてさ。今では考えられないことを平気でやって、それが新しい時代だったんですよ。

八〇年代になると、そういうのは静かに終わってね。女の人たちが、「男ってこんなもんじゃないか」とか、「社会の中での自分ってこういうもんじゃないか」とか、落ち着いて新しいことを感じ始めた時代だと思うんですよ。それがすごく面白い。今、見ても面白い。だから八〇年代を、もう一回、ちょっと撮ってみたいと思って。

滝田洋二郎は「八〇年代になって新しい風が吹いてきた」と語る。

滝田　僕がピンク映画の助監督をやっていた七〇年代は、助監督で監督になれると思ってるやつは少なかった。兆しがまったくなかった。けれど、七七年にピンクから佐野日出夫がデビューして、七八年に大森（一樹）さん、根岸（吉太郎）さんが僕と同じ二十代で脚光を浴びたあたりから、「あれ？　あれ？　なんか、俺たちにも来るかなぁ……もしかして脚本書いとかなきゃいけないのかな。でもね～」みたいな感じになって、僕は先輩監督のピンチヒッターとして、八一年に『痴漢女教師』でデビューするんですよね。そのとき、スーッとこう何かが降りてくる感じっていうのかな、僕自身にじゃないですよ、僕らの世代にですよ。

八〇年代はそういう時代だったよね。

それと、八〇年代は、岡田さんみたいに、映画を作るのが当たり前というか、それを生業として生きてる人が映画を作ってたような気がするんですよ。要するにそれ以外考えられない人たちがね。気障な言い方だけどさ、映画には魂がちゃんと宿ることを知ってる人、その喜びを知ってる人が映画を作ってたんだ。

だけど、九〇年が近づくにつれ、製作委員会システムが始まって、映画以外の商売の人たちがプロデューサーとして入ってきて、「テレビで視聴率が取れるタレントを使え」とか「ビデオパッケージを売るためにこう作れ」とか、製作とは別部門の人たちの意見が強くなってきたんだよね。岡田さんみたいに、「いいよ、いいよ、お前ら何作るかわかんないから面白いんだよ」と会議で平然と言う人が少なくなってきた。

滝田が語るのは、大手映画会社が映画を自主製作しなくなり、他業種の資本が入るにともない、専門外のプロデューサーたちが映画製作に参加し始めた八〇年代末以降の変化だ。

山田耕大は八〇年代日本映画のこんなエピソードを話してくれた。

山田　僕が「第一回学生国際映画祭」の審査員をやったとき、審査員として来日していたチェコスロバキアの監督が『家族ゲーム』を観ていて、「あの映画は大好きだ」と僕の手を握りしめてきたんです。アメリカの俳優、ジョン・キューザックが来日したとき、新宿の「bura」でばったり根岸吉太郎さんに会って、「『遠雷』の監督なのか！」と驚いて、握手を求めたそうです。キューザックは『遠雷』を観ていたんですね。

そのほか、『逆噴射家族』や『コミック雑誌なんかいらない！』も各国で上映され、『木村家の人びと』も『The Yen Family』という英題で世界各地で公開されました。日本映画は北野武、是枝裕和、黒沢清などが九〇年代に各国の国際映画祭で受賞したことで世界に認知されたと思われがちだけど、それに先駆けて八〇年代の映画はチェコやジョン・キューザックに届いていた。それは、僕ら八〇年代の作り手が、前世代のATG映画の作家とは違って、娯楽映画の骨法を踏まえ、観客に向かって映画を作っていたからだと思います。

「八〇年代の映画作りにあって、現在失われたものは何か？」を丸山昇一に聞いた。

丸山　それは、「手作り」と「体温」。たとえば、現在は脚本の打ち合わせでも、監督と脚本家が直接会わないでメールでやり取りし、淡々と進めていきますよね。現在はプロデューサー主導の時代で、プロデューサーが自分で脚本を書いたり、予算の関係やいちいち脚本家に頼んでいると自分のアイデアが上手く伝わらないと思って、監督が脚本家を兼ねたりします。

　でも、八〇年代は、監督と脚本家とプロデューサーが旅館に入ったり、長時間会議したりして、お互い顔を突き合わせ、体温を受け入れたり、拒否したりしながら、徹底的に意見を戦わせた。監督と脚本家とプロデューサーがやり合いながら、「映画、好き?」「お客さんを沸かせたいよね。驚かせたいよな」「そのためにこの企画をどういうふうにしよう」と、たった一人の考えじゃなくて、三人が別の角度からその作品の核を、進展を検討していった。それが八〇年代の脚本の作り方でした。

　そういう脚本作りは現在もまったくないわけじゃないけれど、現在はプロデューサーや監督が一人で映画を作り、脚本家が何か言おうとしてもあんまり受け付けてもらえない気がする。八〇年代的な脚本作りは、時間も、少しお金もかかりますけど、けっして無駄なことではないと思います。熱い血を凝縮させ、映画を煮詰めていけば、かならず韓国映画の熱気に負けないものができるような気がするんですよね。

　付け加えるなら、現在は八〇年代とことなり、監督も俳優と直接向かい合わず、モニターを見ながら演出する。人間と人間の密な、煩雑な関係がなくなり、クールに淡々と映画が作られていく。そして、二十一世紀に入ると、監督が脚本を書くケースがさらに増えた。その作り方には一長一短がある。

「観客もまた、八〇年代と現在とでは大きく変わった」と山田耕大は言う。

山田　八〇年代は観客が数少ない情報から好みの映画を嗅ぎつけ、観に行きましたよね。観客が勘を研ぎすまし、監督や俳優、日本映画を信じていた気がする。

一方、現在の観客の多くは、あらかじめＳＮＳで映画の評判をチェックし、安心度や信頼度が高い、失望する可能性が低い映画だけを慎重に選ぶ。「バンド・ワゴン効果（多くの人が支持する者に対して、より多くの支持が集まること）」によってヒット作はよりヒットする。

そのことに関連して、荒井晴彦は、八〇年代にあって現在にないのは「評論家」の存在だと言う。

荒井　かつては観客に、この映画はこういうことを言っているんですよ、だからこうやって観るんですよ、と教える映画評論があり、評論家がいましたが、現在はそれを教える評論家がいなくなった。いても読まれなくなった。だから、作品や個々の作家とＳＮＳが直接対決するようになってしまった。ＳＮＳでは映画を独立した作品として見なさず、コンプライアンスやポリティカルコレクトネスやジェンダーの観点から批評する人が多い。リベラル派の人たちが表現をかえって不自由にしていると思います。

新聞、雑誌など紙媒体の映画評論が衰退したのは間違いない。荒井が言うように、現在はウェブ上の動画投稿サイトやSNS、ラジオで多種多様な「映画語り」がはびこり、作品は匿名の感想にさらされている。しかし、ライムスター宇多丸が担当する『アフター6ジャンクション2』の「週刊映画時評 ムービーウォッチメン」(TBSラジオ)や大島育宙《やすおき》のYouTubeのように、映画の意図をきちんと伝えるパーソナリティはおり、彼らのラジオ番組やYouTubeチャンネルには多くの視聴者がアクセスしている。

現在から振り返ると、八〇年代日本映画は何だったのか、金子修介はこう語る。

金子 八〇年代は〝軽く、明るい〟ことに価値があり、映画もそれを目指していました。その時代から振り返ると、今がいかに〝重く、暗い〟時代になってしまっているのかがよくわかります。ノスタルジーを感じてばかりではいられない。その重さ、暗さと向き合わなければいけないが、武器になるものは何だろうか。

「武器」になるのは、八〇年代日本映画にあった冒険主義、能天気さ、多様性、映画への一途さ、ではないだろうか。そうした日本映画の「八〇年代性」が現在の閉塞を打破し、映画の未来を照らし出す一助になりはすまいか。

最後に、このような八〇年代日本映画にとって、岡田裕はどのような役割を果たしたのか。丸山昇一と滝田洋二郎はこう語った。

丸山　七〇年代後半から八〇年代にかけて、「撮影所」の機能がかなり後退して、われわれはデビュー前からほとんどの者がフリーランスで、生活資金の確保から映画人の素養を身につけることまで自力で格闘してきたんだけど、撮影所で育ち、鍛えられてきた、たとえば岡田裕さんのような方とことあるごとに一緒に仕事をさせてもらったことは大きな経験で、その魂やノウハウは、失われたのではなく、今も底流で引き継がれていると思っています。

滝田　岡田さん自身が優秀な助監督だったでしょ。でも、撮ってらっしゃらないんですね。だから、あの人の中に監督をやるということに対する恐れと尊敬がある。それで映画をよく観てるし、知っている。それから映画界そのもの、人間感情を丸ごと知っているから、そういう意味で良いプロデューサーですよね。監督を選ばなかったのは正解かも知れないって。監督は監督でしかないからね。あの人の映画的な懐の広さのお蔭で、僕らの時代の企画の枠が広がった気がします。

謝辞

この本は私にとって、『最後の角川春樹』（二一年、毎日新聞出版）に続く、八〇年代日本映画史探訪の第二弾に当たる。かねてから岡田裕さんに話を聞きたいと思っていた。躊躇したのは、ワイズ出版の故・岡田博社長から、名文家である岡田裕さんはすでに自伝をまとめつつあると聞かされたからだ。ところが、「映画秘宝」編集長の寺岡裕治さんから岡田さんのパソコンのデータがある日、忽然と消え、書き溜めたものが台なしになったと聞いた。

元アルゴ・ピクチャーズの熊谷睦子さんにお願いし、岡田さんに会った。聞き書きは半年に及んだが、困ったことがあった。岡田さんは他人の悪口を言わない。自分がやった仕事を部下の手柄にする。自慢話もけっしてしない。つまり人格者なのだ。常識人の本をこれまでつくったことがない私はとまどった。そこで、岡田さんと仕事をした人たちにも話を聞こうと、日活の高木希世江さんに紹介の労を取ってもらった。

取材して岡田さんという人が朧げに見えかけた。この人は、頭が良く、崩れがない秀才タイプ。バランスが取れすぎた人なのだ。しかも、生まれてこのかた東京の山の手から出たことがない生粋のモダニストだ。そんなエリートがこともあろうに狂気の持ち主、藏原惟繕監督と無謀な賭けに挑み、一敗地にまみれるところを本書のクライマックスにしようと思い定めた。

どんな嫌な質問にも笑って答えてくださった岡田さん、取材に立ち会ってくれた寺岡裕治さん、熊谷睦子さん、高木希世江さん、日活史についてご教示をいただいた谷口公浩さん、資料収集をお願いした国立映画アーカイブの笹沼真理子さんに心から御礼を申し上げます。また、本の企画から完成まで根気よく付き合ってくださった講談社の木原進治さんのおかげでこの本が出来ました。

伊藤彰彦

1960年愛知県生まれ。映画史家。慶應義塾大学文学部国文学科卒。1998年、日本シナリオ作家協会大伴昌司賞佳作奨励賞受賞。『映画の奈落 完結編——北陸代理戦争事件』『無冠の男——松方弘樹伝』(ともに講談社)などの著作で、映画人たちの栄光と挫折を描き、ノンフィクションの新しい領域を切り拓く。近刊に『仁義なきヤクザ映画史 1910-2023』(文藝春秋)などがある。

講談社+α新書 876-1 D

なぜ80年《ねん》代《だい》映《えい》画《が》は私《わたし》たちを熱狂《ねっきょう》させたのか

伊藤彰彦《いとうあきひこ》

2024年4月17日第1刷発行

発行者——森田浩章

発行所——株式会社 講談社

東京都文京区音羽2-12-21 〒112-8001

電話 編集(03)5395-3522

販売(03)5395-4415

業務(03)5395-3615

デザイン——鈴木成一デザイン室

カバー印刷——共同印刷株式会社

印刷——株式会社新藤慶昌堂

製本——牧製本印刷株式会社

KODANSHA

Printed in Japan

ISBN978-4-06-535677-7

講談社+α新書

書名	著者	内容	価格	番号
夫のトリセツ	黒川伊保子	話題騒然の大ヒット『妻のトリセツ』第2弾。夫婦70年時代、夫に絶望する前にこの一冊	946円	800-2 A
夫婦のトリセツ　決定版	黒川伊保子	大ベストセラー『妻トリ』『夫トリ』を超えて。「夫婦の病」を根治する、究極の一冊	968円	800-3 A
子どもの脳の育て方　AI時代を生き抜く力	黒川伊保子	自己肯定感の高い脳がAI時代を生きる鍵になる。わが子の脳の力を阻害しない子育ての実践	990円	800-4 A
世界の常識は日本の非常識　自然エネは儲かる！	吉原　毅	新産業が大成長を遂げている世界の最新事情を紹介し、日本に第四の産業革命を起こす一冊！	946円	801-1 C
人生後半こう生きなはれ	川村妙慶	人生相談のカリスマ僧侶が仏教の視点で伝える、定年後の人生が100倍楽しくなる生き方	935円	802-1 A
明日の日本を予測する技術　「権力者の絶対法則」を知ると未来が見える！	長谷川幸洋	ビジネスに投資に就職に!!　6ヵ月先の日本が見えるようになる本！　日本経済の実力も判明	968円	803-1 C
人が集まる会社　人が逃げ出す会社	下田直人	従業員、取引先、顧客。まず、人が集まる会社をつくろう！　利益はあとからついてくる	902円	804-1 C
志ん生が語る　クオリティの高い貧乏のススメ　昭和のように生きて心が豊かになる25の習慣	美濃部由紀子	NHK大河ドラマ「いだてん」でビートたけし演じる志ん生は著者の祖父、人生の達人だった	924円	805-1 A
精日　加速度的に日本化する中国人の群像	古畑康雄	日本文化が共産党を打倒した!!　対日好感度も急上昇で、5年後の日中関係は、激変する!!	946円	806-1 C
6つの脳波を自在に操るNFBメソッド　たった1年で世界イチになるメンタル・トレーニング	林　愛理	スキージャンプ年間王者・小林陵侑選手も実践。リラックスも集中も可能なゾーンに入る技術!!	968円	807-1 B
古き佳きエジンバラから新しい日本が見える	ハーディ智砂子	遥か遠いスコットランドから本当の日本が見える。ファンドマネジャーとして日本企業の強さも実感	946円	808-1 C

表示価格はすべて税込価格（税10%）です。価格は変更することがあります

講談社+α新書

書名	著者	内容	価格	番号
人間関係が楽になる 神経の仕組み 脳幹リセットワーク	藤本靖	わりばしをくわえる、ティッシュを噛むなど、たったこれだけで芯からゆるむボディワーク	990円	819-1 B
もの忘れをこれ以上増やしたくない人が読む本 脳のゴミをためない習慣	松原英多	今一番読まれている脳活性化の本の著者が、「すぐできて続く」脳の老化予防習慣を伝授！	990円	820-1 B
全身美容外科医 道なき先にカネはある	高須克弥	「整形大国ニッポン」を逆張りといかがわしさで築き上げた男が成功哲学をすべて明かした！	968円	821-1 A
世界のスパイから喰いモノにされる日本 MI6、CIAの厳秘インテリジェンス	山田敏弘	世界100人のスパイに取材した著者だから書ける日本を襲うサイバー嫌がらせの恐るべき脅威！	968円	822-1 C
空気を読む脳	中野信子	日本人の「空気」を読む力を脳科学から読み解く。職場や学校での生きづらさが「強み」になる	946円	823-1 C
生贄探し 暴走する脳	中野信子 ヤマザキマリ	「世間の目」が恐ろしいのはなぜか。知っておきたい日本人の脳の特性と多様性のある生き方	968円	823-2 C
笑いのある世界に生まれたということ	中野信子 兼近大樹	「笑いの力」で人生が変わった人気漫才師が脳科学者と、笑いとは何か、その秘密を語り尽くす	990円	823-3 C
ソフトバンク崩壊の恐怖と農中・ゆうちょに迫る金融危機	黒川敦彦	巨大投資会社となったソフトバンク、農家の預金等108兆を運用する農中が抱える爆弾とは	924円	824-1 C
ソフトバンク「巨額赤字の結末」とメガバンク危機	黒川敦彦	コロナ危機でますます膨張する金融資本。崩壊のXデーはいつか。人気YouTuberが読み解く。	924円	824-2 C
次世代半導体素材GaNの挑戦 22世紀の世界を先導する日本の科学技術	天野浩	ノーベル賞から6年——日本発、21世紀最大の産業が出現する!! 産学共同で目指す日本復活	968円	825-1 C
会計が驚くほどわかる魔法の10フレーズ	前田順一郎	この10フレーズを覚えるだけで会計がわかる！「超一流」がこっそり教える最短距離の勉強法	990円	826-1 C

表示価格はすべて税込価格（税10%）です。価格は変更することがあります

講談社+α新書

なぜ80年代映画は私たちを熱狂させたのか

伊藤彰彦

草刈正雄、松田優作、吉川晃司、高倉健、内田裕也……制作陣が初めて明かすその素顔とは？

1100円
876-1
D

表示価格はすべて税込価格（税10％）です。価格は変更することがあります